KB156015

교사 소진 예방, 낙관성 향상, 마음건강을 위한
뇌기반 행복학급 경영 원리 12, 전략 82

건강한 교사, 행복한 교실

Marcia L. Tate 저 / 신재한 · 윤보정 · 임운나 공역

감사의 말

2020년대 초반은 교육 분야에서 전례 없는 시기였습니다. 교육자들은 교육 직업에 내재된 여러 가지 일반적인 책임 외에도 대면 수업이나 비대면 수업(가상 수업)을 동시에 사용하여 교육을 제공해야 하는 상황에 처했습니다. 선생님들과 교육 관계자들은 매일같이 이 상황을 극복하기 위해 노력했습니다.

이 책은 여러분에게 바칩니다!

의료 전문가와 서비스 종사자가 우리의 감사를 받을 자격이 있는 것처럼 교육자 여러분도 마찬가지입니다.

담당 학생들의 두뇌(뇌세포, 뉴런)를 성장시키기 위해 매일매일 애쓰고 계시는 선생님과 교육 관계자 여러분께 감사드립니다. 이 책은 여러분의 건강을 지키기 위한 저의 작은 노력입니다.

팬데믹 이전에도 교육은 이미 어려운 일이었고 지금도 마찬가지입니다. 하지만 여러분은 매일 학생들의 요구를 충족하는 동시에 종종 바람직하지 않은 상황에서 높은 수준의 교육을 제공하고 있습니다. 여러분이 인정받고 있다는 사실을 알아주세요! 여러분은 큰 변화를 만들어내고 있으므로 지금 하고 있는 일을 멈추지 마세요!

저는 제 직업적 노력을 지지해준 가족들에게 항상 감사하고 있습니다. 40년이 넘는 세월을 함께한 남편 Tyrone과 매일 제게 사랑을 주는 제 자녀 Jennifer, Jessica, Christopher에게 감사합니다. 교장인 Jennifer는 교사와 학생들이 매일 건강하고 행복하게 지낼 수 있도록 돕는 일을 직접 담당하고 있습니다. 아홉 명의 손주들에게, 저는 여러분과 좋은 시간을 보낼 때 가장 행복합니다.

30년 넘게 함께 일해 온 제 행정 비서이자 소중한 친구인 Carol Purviance에게 제 업무의 수준을 지속적으로 향상시키고 Tyrone과 제가 설립한 회사, Developing Minds, Inc.가 계속 번창할 수 있도록 도와주신 데 대해 감사합니다.

제 글을 Solution Tree.와 공유할 수 있는 기회를 제공해준 친구 Douglas Rife에게 감사합니다. 또 다른 베스트셀러를 기대하고 있습니다!

역자 서문

큰 포부와 꿈으로 시작한 교사의 교직생활이 왜 5년 이내에 교직을 그만두고 소진 (Burn-Out) 상태에 빠지거나 무기력한 상태의 교직 생활을 하고 있을까? 그 답은 바로 '교사의 행복'이다. '교사가 행복해야 아이들이 행복하다'라는 말이 있듯이, 아이들이 행복하기 위해서는 먼저 교사의 행복이 필요하다. 교사의 행복 바이러스가 아이들에게 전달되어 행복한 아이로 성장할 수 있을 뿐만 아니라, 행복한 학급, 즐거운 교실을 만들 수 있다.

특히, 행복이란 뇌의 현상으로서, 인간의 뇌는 행복과 관련된 감정을 느끼고 지적인 힘을 발휘하는 데 가장 중추적인 역할을 담당하는 기관으로 끊임없이 변화하고 발달한다. 행복은 외부 조건에 따라 반사적으로 일어나는 감정 반응이 아니라 정보에 대한 뇌의 주체적인 반응이라는 의미이다. 이러한 행복한 교사, 행복한 교실을 만들기 위해서 교사, 학생, 학부모의 신체적 건강, 정서적 건강, 인지적 건강 등 종합적인 측면을 고려할 필요가 있다. 이렇게 종합적 측면을 고려하면 교사의 소진(Burn-Out)을 예방하고, 낙관성을 기르며 신체적으로도 건강한 교직생활을 할 수 있다.

이에 본 저서는 교실과 학급에서 필요한 12가지 뇌기반 행복 원리와 82가지 뇌기반 행복 전략을 소개하고 있다. 먼저 목적에 대한 열정, 웃음, 낙관성, 놀이, 움직임, 음악, 안정감 있는 교실 환경, 관계, 수면, 영양, 수면, 영성, 목적 등 12가지 뇌기반 행복 원리이다.

특히, 각 원리별로 건강한 교사(뇌 연구, 실행 단계), 행복한 교실, 실행 계획, 구체적인 전략 등을 소개하고 있어 교육 현장에서 바로 활용할 수 있는 구체적인 방법과 사례를 제안하고 있다.

본 저서는 교사의 소진을 예방하고 자기 스스로 행복한 교직생활을 하는 데 필요한 이론과 실제적인 내용으로 구성하였으므로, 유치원, 초등학교, 중학교, 고등학교의 예비교사 및 현직교사, 교육전문직, 상담전문교사, 상담사, 심리치료사 등에게 매우 유용할 뿐만 아니라, 실제로 행복할 수 있는 구체적인 방법 및 사례 등을 제시하고 있어 누구든지 쉽게 활용할 수 있다. 아무쪼록 본 저서가 행복한 교사생활 및 행복 학급 경영을 실천하기 위한 기본 지침서가 되기를 바라는 마음이다. 끝으로 본서 출판에 도움을 주신 박영사 가족 여러분께 감사를 드린다.

2024년 3월
신재한

목차

원리 01

목적에 대한 열정

원리 02

웃음

뇌기반 행복학급 경영 원리 12, 전략 82

원리 1 목적에 대한 열정

전략 1. 좋아하는 일 하기

전략 2. 업무 시간에 대한 건강한 경계 설정하기

전략 3. 휴식 시간으로 재충전하기

전략 4. 휴식을 일정으로 만들기

원리 2 웃음

전략 1. 웃음 짓기

전략 2. 강제로 웃음 짓기

전략 3. 소품 활용하기

전략 4. 주변 환경 재미있게 만들기

전략 5. 웃는 방법 배우기

전략 6. 웃음 공유해보기

전략 7. 웃음을 자아내는 프로그램 시청하기

전략 8. 비꼬는 말 피하기

원리 3 낙관성

전략 1. 나의 기분 파악하기

전략 2. 낙관성을 두려워하지 않기

전략 3. 부정적인 사고 극복하기

전략 4. 긍정적인 결과 시각화하기

전략 5. 긍정적인 글쓰기

전략 6. 자신감 얻기

전략 7. 비관적인 상황 재구성하기

전략 8. 영향력 범위 내에 머물기

전략 9. 다른 사람들과 낙관성 공유하기

원리 4 놀이(Game)

전략 1. 자녀와 함께 놀이 하기

전략 2. 친구와 함께하는 게임의 밤 개최하기

전략 3. 활동적인 게임(Active Game) 참여하기

전략 4. 스포츠 관람하기

전략 5. 반려동물과 함께 놀기

전략 6. 비디오 게임 즐기기

전략 7. 새로운 단어 배우는 게임하기

전략 8. 퍼즐 맞추기

원리 5 움직임(Movement)

전략 1. 걷기

전략 2. 달리기

전략 3. 운동하기

전략 4. 요가 하기

전략 5. 일상생활에 재미있는 활동 추가하기

원리 6 음악

전략 1. 평소에 차분한 음악 듣기

전략 2. 고에너지 음악 즐기기

전략 3. 전공 학습에 음악 통합하기

전략 4. 새로운 악기 연주 배우기

원리 7 안정감 있는 교실 환경(Calm)

전략 1. 두뇌 친화적인 색상으로 벽 색칠하기

전략 2. 안정감 있는 음악 통합하기

전략 3. 안정감 있는 조명 꾸미기

전략 4. 향기 요법 도입하기

전략 5. 수족관 만들기

전략 6. 일광욕실 또는 베란다에서 시간 보내기

도입글

Julia Sanders는 새벽 5시 30분에 일어나 서둘러 하루 일과를 준비하며 먼저 세 명의 취학 연령 자녀를 위한 아침 식사를 준비한다. 아침 식사 후 정상적인 상황이었다면, 그녀는 아이들이 깨끗하고 단정한 교복을 입고 책가방을 챙겨서 안전하게 스쿨버스에 탑승했는지 확인했을 것이다. 하지만 코로나19 팬데믹으로 인해 줄리아의 자녀들은 집에서 가상 수업을 받기 때문에 교복, 책가방, 스쿨버스가 필요하지 않지만 Julia는 아이들과 함께 집에 있을 수 없다. 이모 Sanders 가족과 함께 하루를 보내기 위해 도착한 후, Julia는 8학년 교사로 일하러 떠나는데, 사회적 거리를 두고 있는 11명의 학생은 교실에서 얼굴을 마주 보며 가르치고 나머지 16명의 학생에게는 온라인 수업을 제공하는 동시 수업 모델을 사용한다. 부모님이 온라인 학습을 선택한 학생을 대상으로 한다.

Julia는 학생들이 모두 마스크를 착용하고 사회적 거리두기를 하고 있는 상황에서 모든 학생의 참여를 유지해야 한다. 일부 가상 수업 학생은 온라인 수업 중 집에서 거의 지원을 받지 못해 과제를 계속 수행하기 어렵다. 그들은 많은 과제를 제출하지 못하고 있다. Julia는 대면 수업을 받는 학생들에게 과제를 하는 동안에도 서로 떨어져 있으라고 끊임없이 상기시키고 있다. 그녀는 많은 학생들이 필요로 하는 안심할 수 있는 신체적 접촉을 제공하지 못하는 자신의 무능력에 낙담하고 있다. 그녀는 자신과 사랑하는 학생들의 안전을 위해 교실을 항상 소독해야 한다.

오후 3시 20분에 학교가 끝나면 Julia는 퇴근하지만 수업이 끝나지 않았다. 그녀는 아이들이 수업을 잘 배웠는지, 일일 과제를 완수했는지 확인해야 한다. Peggie 이모가 많은 도움이 되지만 아이들의 과제를 도와줄 수 있는 능력은 부족하다.

그러던 중 Julia는 학생 중 한 명의 밀접 접촉자가 코로나19 양성 판정을 받았다는 전화를 받았다. 그녀와 아이들이 코로나19 음성 판정을 받을 때까지 집에 머물러야 한다는 사실에 화가 난 채로 그 부모에게 이메일을 받았다는 사실을 알게 되었다. 양성 판정받은 학생의 부모는 맞벌이로 생활하고 있으며 다음과 같은 상황이 필요하다고 말했다.

직장에서 자녀를 집에서 돌볼 수 있는 방법도 없다. 대면 환경에서는 쉽게 이해할 수 있지만 온라인상에서는 쉽게 이해할 수 없는 개념을 가르치는 방법을 찾아야 하는 Julia의 생활은 더욱 복잡해졌다. 또한 학생들이 과제를 완성하는 데 필요한 자료를 구하기 어려워져 과제를 다시 수정해야 했다. 다른 학생들은 단순히 수업에 집중하지 않앉기 때문에 그녀는 어떻게 하면 학생들의 주의를 다시 끌 수 있을지 고민해야 했다.

저녁 10시쯤 완전히 지친 채 잠들기 전, Julia는 다음 날 퇴근길에 가져갈 식료품을 주문하고(30분 동안 컴퓨터 문제와 씨름한 후), 건조기에 빨래를 더 넣고, 자녀들의 한 주 일정을 살펴보며 다른 모든 약속과 함께 방과 후 약속에 어떻게 아이들을 데려다줄지 고민한다. 그녀는 내일도, 그리고 남은 한 주와 그 이후에도 오늘 하루를 반복해야 한다는 것을 알고 잠을 청한다. 그녀는 지치고 피곤하고 희망이 줄어들고 있다고 느끼지만 눈물을 참으며 열심히 노력하고 있다.

01 도전적인 직업

올해로 교육계에 몸담은 지 48년이 되었다. 나는 오늘날 가르치는 일이 그 어느 때보다 더 어렵다고 감히 말씀드리고 싶다. 코로나19의 어려움이 아니더라도 많은 교사들이 스스로를 단순히 지쳤다고 표현하고 있다. 다시 말해, 한때 가르침에 대한 열정과 열정이 완전히 꺼져버렸다는 것이다. 교사 소진 예방에 관한 전문가인 Richard Ingersoll, Lisa Merrill, and Daniel Stuckey(2018)에 따르면, 교직에 입문한 사람의 40~50%가 첫 5년 이내에 교직을 그만두기로 결정한다고 한다. 그렇다면 무엇이 소진(burn-out)원인이 될 수 있을까? Lou Whitaker(2018)는 "Stress: What Happens to a Teacher's Brain When It Reaches Burnout?"("스트레스: 교사의 뇌가 소진(burn-out)에 도달하면 어떤 일이 일어나는가?")라는 글에서 많은 교사가 소진(burn-out)에 빠지는 5가지 이유를 나열하였다:

1. 국가, 주, 지역의 위임(명령) 증가로 인한 교실 통제력 상실
2. 직장에서 해야 할 일과 실제로 교실에서 일어난 일 사이의 인지 부조화
3. 비현실적인 시간 관리로 복잡한 업무(workload) 증가
4. 직장에서 잘한 일에 대한 인정 부족
5. 학생 하교 후 교실에서 느끼는 극심한 고립감

소진(burn-out)으로 인한 만성 스트레스는 인지 능력과 신경 내분비 시스템에 과부하를 일으켜 창의력, 단기 기억력, 문제 해결 능력 등 인지 기능을 저하시킬 수 있다.

Michel, 2016

교육자들과 함께 일하면서 교사들로부터 2,000개 이상의 메일을 받았는데, 그중 상당수는 교사들이 직면한 어려움을 반영하고 있다. 다음은 코로나19가 발생하기 전 뉴욕의 한 초임 교사가 보낸 이메일 중 일부이다.

> 나는 교직 첫해(사회, 8학년)에 있습니다.
> 나는 교사의 의무가 너무 과중하다고 느꼈습니다. 예상했던 것보다 더 자주 낙담하고 실망하였습니다. 다른 선생님들과 계속 비교하며 스스로가 매우 삭게 느껴졌습니다. 정말 힘든 한 해였습니다!
> 교사로서 우리는 매우 다양한 방향으로 이끌립니다. 문해력과 텍스트 증거에 집중할 때도 있고 기술 통합에 집중하기도 하고 프로젝트 기반 학습에 집중하는 등 계속해서 많은 일을 해야 합니다. 새내기 교사로서 어디서부터 시작해야 할지 모르겠어요!
>
> 8학년 사회과 교사, 개인 대화, 2017년 4월 10일

그리고 가정에서 충족되지 않는 학생들의 신체적, 사회적, 정서적 필요를 어떻게 충족시킬 것인가와 같이 베테랑 교육자들이 항상 직면해 온 문제들이 있다. 실제로 Don Colbert(2009)에 따르면, 이 세대는 200년 만에 처음으로 기대 수명이 부모 세대의 기대 수명을 넘지 못하는 세대가 될 수 있다. 놀랍게도 이는 코로나19와는 아무런 관련이 없다. 이는 오늘날 많은 어린이들의 영양 결핍, 운동 부족, 스트레스가 많은 생활 방식과 관련이 있다.

교사들은 많은 일을 처리하고 있지만, 연구 결과에 따르면 학생 성취도에 가장 큰 영향을 미치는 것은 커리큘럼이나 교과서, 기술이 아니다. 가장 큰 영향은 담임 선생님에게서 비롯된다. John Hattie의 Visible Learning(n.d.) 사이트에 따르면 효과 크기가 1.57인 집단적 교사 효능감(CTE)은 학생 성취도와 매우 밀접한 상관관계가 있다. CTE는 "학생에게 긍정적인 영향을 미칠 수 있는 능력에 대한 교사의 집단적 믿음"으로 정의된다(Visible Learning, nd). 따라서 교사에게 건강하고 업무에 만족할 수 있는 구체적인 방법을 제공할 수 있다면 학생들이 교실에서 행복을 유지하고 학교에서 성공할 수 있는 최고의 기회를 제공한다는 것은 당연한 일이다.

02 뇌 연구

1990년대 후반부터 뇌가 교육과 학습에 미치는 영향에 대해 연구해 왔다. 뇌에 대해서는 여전히 미스터리로 남아 있는 부분이 많지만, 오늘날 우리는 그 어느 때보다 많은 것을 알고 있다. 이 책에서 신경과학적 연구를 검토하고 교육자에게 적용할 수 있는 실질적인 권장 사항을 제시하려고 노력했다. 결국 교사는 매일 두뇌와 상호작용하고 가르치고 있다. 나는 교사보다 뇌에 대해 더 많이 알아야 하는 사람은 신경외과 의사나 신경과학자뿐이라고 자주 말하곤 한다.

내가 연구한 뇌 연구의 대부분은 베스트셀러 시리즈인 **수상돌기를 키우지 않는다: 두뇌를 활용하는 20가지 교육 전략**(*Tate, 2016*)에 수록되어 있다.(*Worksheets Don't Grow Dendrites: 20 Instructional Strategies That Engage the Brain (Tate, 2016)*.) 특정 과목에 초점을 맞춘 책도 있고 여러 과목을 아우르는 책도 있는 이 시리즈에서는 학년이나 과목에 관계없이 모든 교사가 수업을 진행할 때 사용해야 하는 20가지 두뇌 기반 전략을 설명한다. 여기에는 협동 학습, 게임, 그래픽 구성, 메타포, 움직임, 음악, 스토리텔링, 기술 등의 상식적인 전략이 포함된다. 이 책은 학습에 긍정적인 영향을 미치기 위해 학생들과 함께 사용할 수 있는 교실 전략에서 교사의 건강과 행복을 위한 뇌 연구에 기반한 원리로 초점을 두었다.

03 책의 목적

교사의 건강과 행복을 다룬 책은 많지만, 건강 및 수명 연장과 관련된 원리를 종합하고 이러한 원리가 뇌와 신체 모두에 작용하는 이유를 뒷받침하는 뇌 연구를 제공하는 책은 거의 없다. 이 책이 교직 생활 내 정신적, 육체적으로 더 건강한 상태를 유지하여 소진을 피하고 낙관성을 높이는 방법에 대한 지침과 도움이 되기를 바란다.

초보 교사라면 이 책을 통해 건강한 라이프 스타일의 필수 요소를 파악하고 교실에 적용할 수 있는 구체적인 제안을 얻을 수 있다. 베테랑 교사라면 이 책을 통해 개인적, 직업적 여정에서 현재 어느 단계에 와 있는지 평가하고 도구 상자에 몇 가지 도구를 추가할 수 있다. 퇴직을 앞두고 계신 교사분들도 근속 기간을 늘리고 처음 교직에 입문했을 때 느꼈던 열정을 유지하는 데 도움이 되는 정보를 찾을 수 있을 것이다. 이 책은 관리자, 교사 리더, 지도 코치, 상담사 또는 교사와 학생의 삶을 개선하는 데 전문 경력을 바치는 모든 사람을 위한 책이기도 하다.

04 책의 소개

1. 목적에 대한 열정

2. 웃음

3. 낙관성

4. 놀이(Games)

5. 움직임(Movements)

6. 음악

7. 안정감 있는 교실 환경

8. 친밀한 대인관계

9. 영양

10. 수면

11. 영성

12. 목적

이 책은 총 12가지 원리로 구성되어 있다. 각 장에서는 장수 원칙을 정의하고, 해당 실천이 건강과 장수로 이어지는 이유에 대한 뇌과학적 근거를 탐구하며, 일상 생활에서 이 원리을 어떻게 활용할 수 있는지에 대한 예를 제공한다. 뇌기반 교육 12가지 원리는 다음과 같다.

1980년대에 Robert Fulghum은 베스트셀러인 *All I Really Need to Know I Learned in Kindergarten*('내가 유치원에서 배운 모든 것')을 저술했는데, 이 책은 우리 삶의 질과 세월에 긍정적인 변화를 가져오는 것은 단순한 것임을 일깨워준다(Goodreads, nd).

이 책은 현재 15주년 기념판으로, 그 기본 원리가 얼마나 오래 지속되는지를 보여준다. 웃음, 움직임, 친밀한 인간관계, 게임 등 어린이를 행복하게 만드는 요소가 증가하고 있는 노년층과 다르지 않다. 이러한 원칙은 단순해 보일 수 있지만, 우리는 바쁜 일상 속에서 그 중요성을 간과하거나 무시하는 경우가 많다. 특히 내가 아는 사람들 중에 교사들은 가장 바쁜 사람들이다. 하지만 교사가 수많은 전문적 의무와 자기 관리 능력의 균형을 맞추지 못한다면 오랫동안 건강한 교사가 될 수 없을 것이다. 이 책은 교사와 다른 교육자들이 이러한 노력을 하는 데 도움이 될 것이다.

05 장의 개요

이 책의 각 원리에서는 교사가 정신적, 육체적 건강을 유지하고 직업과 일반생활에서 장수를 늘리기 위해 실천해야 할 12가지 원칙 중 하나를 설명한다. 음악은 두뇌에 적합한 전략이자 장수와 상관관계가 있는 원칙 중 하나이므로(6장 참조), 각 원리에서는 이 원리을 묘사하는 가사가 있는 노래를 설명하는 것으로 시작한다. 결국 음악은 기억하는 데 도움이 된다. 우리 대부분은 몇 년 동안 들어본 적 없는 노래를 들으면서도 여전히 따라 부를 수 있는 경험이 있을 것이다. 더 이상 사람의 이름을 기억하지 못하거나 얼굴을 알아보지 못하는 알츠하이머 환자도 좋아하는 노래의 가사를 기억하는 경우가 종종 있다. 이 노래들은 내가 가장 좋아하는 노래 중 일부이며, 가사를 알아두면 각 장에 담긴 원칙을 기억하는 데 도움이 될 수 있다.

원리는 다음과 같이 1.건강한 교사, 2. 행복한 교실, 3. 실행 계획으로 구성된다.

1. **건강한 교사**에서 정신적, 육체적 건강을 개선하는 데 도움을 주는 것이 이 책의 주요 목표이므로 각 장의 주요 내용을 구성한다. 건강한 교사는 다시 세 부분으로 구성된다.
   (1) **장수를 위한 원칙: "무엇을 해야 할까요?"**
      장수를 위한 원리를 소개한다.
   (2) **뇌 연구가 말하는 것: "왜 해야 할까요?"**
      해당 원리를 추구할 가치가 있는 이유를 뒷받침하는 신경 과학적 연구 결과를 제공한다.
   (3) **실행 단계: "어떻게 해야 할까요?"**
      해당 원리를 실행하기 위해 수행할 수 있는 구체적인 활동을 설명한다. 이러한 활동은 완전한 목록이 아니라 시작을 위한 몇 가지 권장 사항을 나타낸다.

이 책을 다 읽을 때쯤이면 각 장에 포함된 원리를 실천할 수 있는 **60가지 이상의 방법**을 익히게 될 것이다. 실행 계획에서는 **12가지 원리에 대한 계획을 세우는 데 도움이 되는 템플릿**을 제공한다.

2. **행복한 교실**에서는 동일한 원리를 교실에서 학생들에게 어떻게 적용할 수 있는지 알려준다.

3. 각 장의 마지막에는 이 원리를 일상생활에 적용하는 도구로 사용할 수 있는 재현 가능한 **실행 계획**이 나와 있다. 뇌가 새로운 습관을 개발하는 데는 18일에서 254일이 걸리므로 새로운 행동 단계를 충분히 자주 연습하여 원리가 개인적으로나 직업적으로 생활 방식이 될 수 있도록 한다(Frothingham, 2019).

06 결론

Julia는 대부분의 교사와 마찬가지로 성실한 직업인이지만, 직업과 개인 생활에서 성공하고 자신이 선택한 직업에 대해 예전에 느꼈던 열정을 되살리려면 현재의 속도로는 계속할 수 없다는 것을 깨닫고 있다. 통계 수치처럼 되지 않으려면 자신을 돌보는 데 집중해야 한다. 그래야만 행복한 교실에서 건강한 교사가 될 수 있을 것이다.

01

목적에 대한 열정

"열정"

어떤 것에 대한 강한 열의나 흥분, 또는 어떤 일을 하는
것에 대한 느낌

Donna Summer(1983)가 Michael Omartian과 함께 "그녀는 돈을 위
해 열심히 일해요"라는 노래를 공동 작곡하고 불렀을 때, Summer는 로
스엔젤레스 식당에서 일하느라 지친 종업원 Onetta Johnson을 위한 노
래를 만들기로 결심했다. Summer는 앨범 뒷표지에 Johnson의 사진을
넣기도 했다.

Onetta Johnson처럼 대다수의 교사가 열심히 일하고 있지만, 그 이
유는 돈 때문이 아니다. 그들은 자신이 만들 수 있는 변화에 대한 열정 때
문에 열심히 일한다.

봉사하는 학생들의 삶에 긍정적인 영향을 미친다. 직업이 긍정적인 영
향을 미친다는 것을 알면 학생들은 목적의식을 갖게 되고 어려운 시기를
헤쳐 나갈 수 있다.

목적에 대한 열정

01 건강한 교사

1) 목적에 대한 열정: 무엇을 해야 할까요?

나는 거의 반세기 동안 학생과 교사를 교육하는 일에 종사해 왔으며, 단 하루도 내 선택을 후회한 적이 없다. 여섯 살 때부터 교사가 되고 싶다는 것을 알았다. 방에 인형을 늘어놓고 몇 시간 동안 가르치곤 했다. 아버지는 내가 글을 쓸 수 있도록 칠판을 사주셨고 재밌게도 나는 행동 문제가 단 한 번도 없었다! 내 수업에서 학생들은 내가 원하지 않으면 말을 하지 않았다.

내 여동생은 은퇴한 교수로 Spelman College에서 프랑스어 교수였다. 조카도 교사이고, 초등학교 교장인 딸 Jennifer도 있다. 우리는 진정한 교육자 가족이며 우리가 하는 일을 사랑한다.

나는 48년 전 Gresham Park Elementary School에서 학급 교사로 근무하기 시작했다. 내 첫 4학년 학급은 34명의 학생이 있었다. 더 말할 필요가 있을까? 첫해는 힘들었지만 나는 내가 가르칠 운명이라는 것을 알았다. 첫해에 나는 최고의 담임은 아니었다. 고맙게도 Stewart 선생님이라는 7학년 담임 선생님이 나를 맡아주셨고 내게 길을 알려주셨다. 그 당시에는 오늘날 교사들에게 매우 중요한 동료 코칭이나 멘토링 프로그램이 없었던 상황이었다.

매년 하는 일에 더 능숙해졌고 곧 학생들이 더 나은 학생이 되도록 돕는 것이 나의 진정한 소명이라는 것을 알게 되었다. 나는 독서 전문가 자격증을 취득 후 독서 전문가가 되었다. 같은 학군의 언어 예술 코디네이터로서 나는 이제 언어 예술 교사들과 함께 일하고 그들의 실무를 개선하는 데 도움을 줄 수 있는 위치에 있었다. 내가 한 학급의 아이들에게 만들어낸 변화는 이제 기하급수적으로 커졌다.

직원 개발 부서에 배치되었을 때 내 진정한 소명을 찾았고 언어 예술을 넘어 시야를 넓힐 수 있는 기회를 갖게 될 것이라는 것을 알았다. 결국 이 부서의 총괄 책임자로 임명되어 경이로운 직원들과 함께 일하기 시작했다. 동료들과 뇌 연구에 매료되어 워크숍에 참석하고 관련 서적을 읽기 시작했다.

뇌가 학습하는 방식에 관해 우리가 손에 넣을 수 있는 모든 정보를 수집했다. 우리는 우리가 습득한 지식을 바탕으로 DeKalb 교육자를 위한 과정을 개발했다.

어느 날 사무실에 앉아 있다가 학생의 연령이나 학년, 가르칠 커리큘럼에 관계없이 두뇌를 기반으로 한 20가지 교육 방법이 있지만 한 권의 책으로 모두 출판되지 않았다는 사실이 떠올랐다. 그때 나는 저자가 되기로 결심했다. 그 이후로 나는 5개 대륙, 47개국에서 발표할 수 있는 경력을 쌓을 수 있는 축복을 받았다.

지난 30년 동안 내가 가르친 50만 명이 넘는 교육자들에게 콘텐츠에 대한 열정이 긍정적인 영향을 미쳤기를 바란다.

자신의 경력에 대한 열정은 일을 더 즐겁게 만들 뿐만 아니라 업무 수행 능력 향상에도 도움이 된다.

Rosengren, 2011

목적에 대한 열정이 어떻게 일을 변화시키고 집중하게 하며 새로운 방향으로 나아갈 수 있는지 설명하기 위해 커리어에 대한 이 설명을 공유한다. 자신이 하는 일을 사랑하면 이런 일이 일어난다! 커리어를 통틀어 내가 좋아하지 않는 일을 해본 적이 없다. 나는 항상 내가 봉사하는 사람들에게 큰 기여를 하고 있다고 느끼고 있다. 자신의 일을 사랑한다면 평생 하루도 일하지 않을 수 없다는 말이 있다.

2005년 Stanford University 입학식 연설에서 Steve Jobs는 자신의 업무 철학을 공개하였다. 그는 자신이 좋아하는 일을 아직 찾지 못했다면 안주하지 말고 계속 찾아야 하고 자신이 좋아하는 일을 찾으면 알게 될 것이라고 말했다(Chowdhry, 2013).

Steve Jobs는 "여러분의 일은 인생의 많은 부분을 차지할 것이며, 진정으로 만족할 수 있는 유일한 방법은 훌륭한 일이라고 믿는 일을 하는 것 입니다."라고 말했다. 그리고 훌륭한 일을 하는 유일한 방법은 자신이 하는 일을 사랑하는 것이다.

Chowdhry, 2013

자신의 목적에 대한 열정을 경험하지 못하여 더 이상 자신이 하는 일을 사랑하지 않는 교육자들이 있을 수 있다. 이러한 감정에는 직업 자체에 내재된 압도적인 책임감, 동료와 상사의 지원 부족, 지역, 주, 국가의 명령으로 인한 자율성과 의사 결정 능력의 상실 등 여러 가지 이유가 있을 수 있다. 이 책의 목적 중 하나는 개인 삶의 질을 개선하면서 열정을 되살릴 수 있도록 돕는 것이다. 이 책을 읽고 이를 위한 몇 가지 구체적인 계획을 찾아보길 바란다.

② 뇌 연구가 말하는 것: 왜 해야 할까요?

하루 8시간 정도인 수면 시간을 제외하면, 활동하는 시간 중 63%가 업무에 사용된다. 이는 한 사람의 인생에서 매우 큰 비중을 차지한다. 그 많은 시간을 무언가에 바친다면 그 사람이 좋아하는 일이어야 한다. 진정으로 일을 즐기는지 어떻게 알 수 있을까? Light Way of Thinking의 창립자이자 베스트셀러 작가인 Noam Lightstone (2021)은 사람들의 삶을 모든 면에서 개선하고 불안과 우울증을 극복할 수 있도록 돕는 20권의 자기계발서를 집필했다. Lightstone(2021)은 자신이 하는 일을 즐기고 있다는 것을 나타내는 10가지를 다음과 같이 제시한다.

1. **시간이 흘러가면서 자신을 잃어버리는 흐름의 상태에 빠지게 된다.**

   몰입 상태가 되면 중요한 것은 그 순간에 하고 있는 일분이고 다른 걱정과 업무는 사라지는 것처럼 보인다.

2. **가치 있는 일을 하고 있기 때문에 성취감을 느낀다.**

   업무에 관계 없이 다른 사람을 돕고 봉사할 수 있다는 사실에 감사할 수 있다.

3. **아침에 일어나면 하루 일과에 대한 설렘으로 가득하다.**

   기분이 좋지 않은 날도 있겠지만 출근을 계속 두려워해서는 안 된다.

4. **동료 및 상사와 함께 일하며 위대한 업적을 달성할 수 있다.**

   당신은 자신이 진정으로 믿는 것을 현실로 만들기 위해 일하고 고군분투하는 것을 좋아한다.

5. **불평하지 말아야 한다.**

   불평이 있다면 현재 가지고 있는 것에 대해 더 감사할 필요가 있다는 의미일 수도 있고, 더 마음에 드는 다른 직업을 찾아야 한다는 의미일 수도 있다.

6. 힘들더라도 괜찮다!

가치 있는 무언가를 만들어낸다는 궁극적인 목표는 도전할 만한 가치가 있다.

7. 자신이 하는 일에 대해 이야기하면 활력이 생긴다.

"무슨 일을 하세요?"라는 질문을 받으면 다른 사람들이 그 대답을 알기를 바라며 자세히 알려 줄 것이다.

8. 업무는 단순한 일이나 목적 달성을 위한 수단 그 이상이다.

그것은 여러분과 여러분의 개성의 연장선이다.

9. 여러분은 항상 직무에 대해 더 많이 배우고 싶어 한다.

여기에는 귀하가 직접 책임지지 않는 일들도 포함될 수 있다.

10. 힘든 하루를 마치고 나면 피곤함을 느낀다.

가치 있는 무언가를 만들어냈고 그 과정에서 성취감과 만족감을 느끼기 때문이다.

연사, 작가, 인생 코치인 Curt Rosengren(2011)의 직업을 사랑하는 것의 긍정적인 효과이다.

▸ **에너지가 더 많아진다.**

좋아하는 일을 할 때는 활력이 넘쳐 더 많은 일을 할 수 있다. 일이 즐겁지 않으면 에너지가 소진되어 기력이 고갈되고 지친 기분이 든다.

▸ **자신감이 생긴다.**

즐겁지 않은 일을 할 때는 부자연스럽지만 좋아하는 일을 할 때는 일이 더 자연스럽게 이루어지고 자신이 하는 일에 대해 더 안정감을 느낄 수 있다.

심신 의학 의사이자 *New York Times* 베스트셀러 작가인 Lissa Rankin(Live Your Legend, 2020)은 임상 진료의 일환으로 12년 이상 환자를 진료하였다. 하지만 환자 진료가 환자에게 실질적인 도움이 되지 않는다는 사실을 깨닫고 좌절감에 빠져 진료를 그만두었다. 그녀는 왜 어떤 환자들은 불치병처럼 보였던 질병에서 기적적으로 회복되는 반면, 어떤 환자들은 최고의 치료를 받았음에도 불구하고 계속 병에 시달리는지 그 이유를 알아내기 위해 노력하였다. 명망 높은 **Johns Hopkins**와 **Stanford** 같은 기관의 저널을 정독한 끝에 그녀는 놀라운 사실을 발견했다. 식단과 운동도 중요하지만, 친한 친구와 함께 시간을 보내고, 건강한 결혼 생활을 유지하고, 웃으며, 자신을 흥분시키고 성취감을 주는 일을 하는 등의 다른 요소들이 장수에 더 중요하다는 사실이다(Live Your Legend, 2021). 따라서 자신의 목적에 대한 열정을 찾는 것은 정신 건강뿐만 아니라 신체 건강에도 매우 중요하다.

그러나 균형을 찾는 것이 중요하다는 점에 유의해야 한다. 일본에는 '과로로 인한 죽음'을 의미하는 "과로사(Karoshi)"라는 단어가 있다(Karoshi, nd). 과로사는 일반적으로 비교적 젊지만 바람직하지 않은 근무 환경에서 과로하는 사람들에게 영향을 미친다. 당국은 매년 약 1만 건의 과로사 사례가 발생하는 것으로 추정하고 있다. 과로사로 인한 사망은 스트레스로 인한 투쟁-도피 반응의 반복적인 생리적 변화로 인해 발생하는 것으로 보인다. 신체에 미치는 영향은 고혈압, 심박수 증가 및 심혈관계에 과도한 스트레스를 초래한다(Live our Legend, 2021).

미국 직장을 대상으로 한 연구에 따르면 미국인 5명 중 1명은 아프거나 다쳤을 때 출근하며, 3분의 1은 누적된 휴가 시간을 사용하지 못하는데, 이는 실제로 조기 사망의 원인이 되는 것으로 입증되었다(Gump & Matthews, 2000).

> 정신신체의학 저널에 실린 한 연구에 따르면 9년 동안 1만 2천 명의 남성을 대상으로 조사한 결과, 연차를 사용하지 않은 사람은 원인에 관계없이 사망 위험이 21% 높았으며 심장마비로 사망할 확률이 32% 더 높았다.
>
> Gump & Matthews, 2000

다음은 자신이 하는 일에 대한 열정을 되찾는 데 도움이 되는 구체적인 실행 단계이다. 자신에게 가장 적합한 단계를 결정하자. 다음과 같은 변화가 필요할 수 있다. 현재 근무하고 있는 교육 분야가 해답이 될 수 있다. 여기에는 다른 콘텐츠 영역이나 학년으로 이동하거나 상담사, 학교 심리학자, 교육 코치, 관리자 등과 같은 다른 전문 분야를 찾는 것이 포함될 수 있다. 예를 들어, 나는 학생을 가르치는 일을 좋아했지만 교사와 관리자를 위한 전문성 개발을 제공하기 시작하면서 진정한 틈새 시장을 찾았다는 것을 깨달았다.

③ 실행 단계: 어떻게 해야 할까요?

전략 1 좋아하는 일 하기

한 푼도 받지 못하더라도 최선을 다해서 일을 할 의지가 있다면 자신이 올바른 직업에 종사하고 있다는 것을 알 수 있다는 누군가의 말을 들은 적이 있을 것이다. 생계를 위한 직업이 반드시 인생의 소명으로 선택해야 할 직업은 아닐 수도 있다. 하지만 그 소명을 절대 잊지 말아라.

Lightstone(2021)의 10가지 기준을 떠올려 보자. 10가지 조건에 따라 자신이 진정으로 좋아하는 직업에 이미 종사하고 있는지, 아니면 자신의 목적에 맞는 다른 직업을 선택할 수 있는지 생각해 보자. 다음은 생각을 정리하는 데 도움이 되는 몇 가지 질문이다.

▸ "시간이 어디로 갔지?"라고 생각하며 하루를 마무리한 적이 있나요?

▸ 다른 사람의 삶을 개선하는 데 도움을 줄 수 있다는 사실에 만족하십니까?

▸ 하루를 시작하는 것이 설레고 활기차나요?

▸ 신념을 공유하는 동료들과 함께 일할 수 있어 행복하시나요?

▸ 어려운 과제에 직면했을 때에도 그만한 가치가 있다고 생각하시나요?

▸ 긴 하루를 마치고 피곤하긴 하지만, 생산성을 높이고 큰 일을 성취했다는 사실을 알고 계신가요?

전략 2 업무 시간에 대한 건강한 경계 설정하기

아무리 좋아하는 일을 해도 너무 많이 하는 것은 좋은 일이 아니다. 나이가 들수록 인생의 모든 것이 균형을 이루어야 한다는 것을 더 많이 깨닫게 된다. 균형이 깨지면 고통스러워진다.

The DeKalb County 교육청을 은퇴하고 남편과 함께 Minds, Inc. 회사를 설립했을 때 나는 워크숍 예약 요청을 거절하지 않았다. 결국 새로운 비즈니스를 구축하고 있었기 때문에 고객이 많을수록 좋았다. 5일 동안 10번의 비행기를 탔던 한 주가 있었는데 월요일부터 금요일까지 매일 다른 모습으로 프레젠테이션을 진행해야 했다. 그 주말에 나는 "그만!"이라고 말을 했다. 그때 깨달은 것은 내가 가장 좋아했던 일, 즉 워크숍

을 통해 다른 교육자들과 지식을 공유하는 일이 부담스러워지고 있었을 때였다. 그때부터 정신적, 육체적, 사회적, 정서적, 영적 삶의 균형을 유지하는 삶을 살 수 있는 방식으로 워크숍 일정을 잡기 시작했다.

전략 3 휴식 시간으로 재충전하기

교사, 관리자, 어머니, 아버지, 조부모, 이모, 삼촌, 친구, 커뮤니티 구성원 등 다양한 역할을 수행한다. 각 역할에는 구체적인 책임이 있고, 그 과정에서 자신이 휴식할 수 있는 시간을 확보해야 한다. 실제로 비행기를 타면 승무원이 초기 안전 교육을 할 때 항상 승객에게 마스크를 착용한 후 다른 승객의 마스크 착용을 도와달라고 요청한다. 다시 말해, 자신을 돌보지 않으면 최고의 교사, 관리자, 부모 또는 친구가 될 수 있는 최고의 교사, 관리자, 부모 또는 친구가 되기 어려울 것이다. Stephen Covey(2020)는 이 개념을 Habit 7, "Sharpen the saw."(습관 7번 "톱을 갈아라")와 같은 개념으로 언급한다. 이 습관, 즉 자기 관리가 다른 여섯 가지 습관에 집중할 수 있게 해준다. 개인적인 재충전을 위해 매일 몇 분의 휴식 시간을 계획해야 한다. 따뜻한 물로 목욕을 하거나, 차분한 음악을 몇 분간 듣거나, 요가 동작이나 다른 즐거운 활동을 하는 등 간단하게 할 수 있다.

전략 4 휴식을 일정으로 만들기

꼭 필요한 휴가 시간을 계획하여 자기 관리를 우선순위로 삼아야 한다. 많은 돈을 들여서 휴가 일정을 잡을 필요 없이 평소에 가고 싶었던 곳을 방문하는 것도 좋다. 자동차로 여행하고 비용이 많이 들지 않는 곳에서 숙박하는 것도 좋다. 해변이나 산, 다른 도시 관광 등 색다른 풍경을 즐기는 것을 추천한다. 휴식을 위한 시간을 확보하여 열정과 목적에 집중할 수 있는 맑은 정신과 에너지를 충전하는 것이 꼭 필요하다.

02 행복한 교실

여러분이 잘 선택했고 열정을 가진 직업에 종사하고 있으며 교육 분야가 진정으로 여러분의 소명이라면 좋겠다. 교사는 다른 모든 직업에 직접적인 영향을 미치는 유일한 직업이라는 사실을 잊지 말아야 한다. 모든 의사, 변호사, 전기 기술자, 배관공, 기술자는 자신의 직업에 내재된 내용을 배울 수 있게 해준 선생님을 통해 성장하였다. 워크숍에서 만난 교육자 중 자신의 삶에 뚜렷한 변화를 가져다준 선생님 덕분에 교육계에 종사하게 되었다고 말하는 사람은 셀 수 없을 정도이다. 학생들과 관계를 발전시키고, 콘텐츠에 대한 열정을 가지고, 학생의 성공에 대한 최고의 기대와 함께 뇌를 자극하는 교육 전략을 사용한 교사들이 바로 이러한 교사일 것이다(Tate, 2014). 연구 결과에 따르면 교실 내에서 학생의 학습에 가장 큰 차이를 만드는 것은 바로 교사이다. 학생들에게 미치는 영향력의 크기를 믿는다면 열정을 가지고 가르칠 것이다. 열정 없이 교사나 학생을 가르치는 날이 나의 수업 마지막 날이 될 것이다. 생각해 보자. 수학 교사가 수학을 가르치는 것에 흥미를 느끼지 않는데 어떻게 학생들이 수학을 배우는 것에 흥미를 느끼도록 할 수 있을까?

학생들이 자신이 무엇에 열정을 가지고 있는지에 대해 생각하기 시작하는 것은 빠르면 빠를수록 좋다.

나는 여섯 살 때부터 가르치고 싶다는 것을 알았다. 학생들이 어떤 관심사를 가지고 있는지 알아보고 그 관심사를 바탕으로 대화에 참여시키는 것이 중요하다. 학생들과 수업을 시작하거나 종료할 때 대화를 나누기 좋은 시간이다. 본질적으로 자신이 하고 싶은 직업을 위해 꼭 필요한 전제조건에 대해 아이들과 대화를 나누어 보자.

손녀 Christian은 소아과 의사가 되고 싶어 한다. 어머니 Amanda가 동생 Maxwell을 출산하기 위해 병원에 입원해 있을 때 나는 Christian과 함께 대기실에 앉아 있었다. 구내방송에서 여러 의사의 이름과 병원 어느 부서에서 요청을 받았는지 알려주면서 언젠가는 스피커를 통해 자신의 이름이 불릴 것이라고 Christian에게 상기시켜 주었다. 또한 의사가 되려면 몇 년의 학교 교육이 필요한지, 그리고 그 목표를 달성하기 위해서는 어떻게 좋은 성적을 받아야하는지에 대해서도 이야기하였다. 결국, 그녀는 의사가 되기 위해 필요한 전제 조건을 갖추지 않고는 어느 날 아침 의사가 되지 못할 것이라는 점을 이해하게 되었다.

교사는 학생과의 관계를 발전시키면서 학생에 대해 많은 것을 배울 수 있다. 학생이 충분히 나이가 들면 관심사를 관리하여 학생이 좋아하는 것, 싫어하는 것, 진로 목표를 파악해야 한다. 이러한 관심사에 관한 많은 대화는 교사가 수업 시작 또는 종료 시 문 앞에 서 있을 때 이루어질 수 있다.

또한 교사는 학생의 관심사가 가르치는 콘텐츠와 관련이 있는 경우 이를 수업 토론에 활용할 수 있다.

03 실행 계획

이 장의 시작 부분에서 Donna Summmer의 히트곡 "She Works Hard for the Money."에 대해 논의한 내용을 기억해보자. 교사로서 여러분도 돈을 위해 열심히 일하고 있지만 애초에 교사라는 직업에 매력을 느낀 것도 돈 때문이 아니며, 커리어를 지속할 수 있는 것도 돈 때문이 아니다. 그 대신 여러분이 하고있는 일에 대한 열정이다. 그것은 여러분이 운 좋게도 같은 반에 있는 학생들의 삶에 큰 변화를 가져올 수 있다는 지식이다. 다음 실행 계획을 작성하여 자신의 목적에 대한 열정을 찾고 있는지 확인해보자.

| 목적에 대한 열정을 찾기 위한 실행 계획

업무에 더 열정적으로 임하기 위해 어떤 계획을 세우고 있나요?

권장 사항	현재 할 수 있는 것	노력해야 할 것
내가 좋아하는 일을 찾아서 그 일을 하는 직업을 찾아보자.		
Lightstone's(2021) 의 10가지 지표를 사용하여 내가 지금 하고 있는 일을 진정으로 사랑하는지 판단해 보자: 1. 시간이 흘러가면서 나를 잃어버리는 흐름의 상태에 빠지게 되나요? 2. 가치 있는 일을 하고 있기 때문에 성취감을 느끼나요? 3. 아침에 일어나면 설레는 마음으로 하루를 시작하나요? 4. 동료 및 상사와 함께 큰 성과를 낼 수 있는 동료와 함께 일하고 있습니까? 5. 불만을 제기해야 하나요? 6. 힘들어도 괜찮나요? 7. 내가 하는 일에 대해 이야기하면 활력이 생기나요? 8. 내 업무는 단순한 일 그 이상인가요, 아니면 목적을 위한 수단인가요? 9. 항상 내 직무에 대해 더 많이 배우고 싶나요? 10. 힘든 하루를 마치고 나면 피곤함을 느끼나요?		
업무 시간에 대한 건전한 경계를 설정하세요.		

휴식 시간으로 나를 새롭게 하세요.		
휴식시간과 휴가를 내 일정의 필수적인 부분으로 만드세요.		
가르치면서 콘텐츠에 대한 제 열정을 학생들에게 전달합니다.		
학생들이 자신의 열정을 탐구하도록 격려하세요.		

목표 및 참고 사항:

02

웃음

> ## 웃음
>
> 기쁨을 불러일으키는 웃음이나 폭발적인 보컬 사운드로 감정을 표현한다.

여러분은 아마도 2013년 Pharrell Williams의 곡 "Happy"를 잘 알고 계실 것이다. 이 노래는 2014년 빌보드 싱글1위를 차지할 정도로 큰 인기를 얻었으며, 함께 수록된 뮤직비디오 역시 제57회 the Grammy Award에서 최우수 뮤직비디오 상을 수상했다. 이 노래에서 Williams 는 그 어떤 것도 가져올 수 없을 정도로 행복하다고 표현한다.

그는 그 느낌에서 벗어나 청취자들에게 자신을 행복하게 만드는 것을 찾으라고 한다. 이 경쾌한 곡은 가사와 밝고 낙관적인 멜로디, 뮤직비디오를 통해 행복을 전한다. 다양한 배경의 모든 연령대의 사람들이 밝은 색상의 옷을 입고 춤을 추며 웃는 모습을 볼 수 있다. '행복'은 장수를 위한 두 번째 원칙인 웃음을 상징한다.

원리 2

웃음

01 건강한 교사

(1) 웃음: 무엇을 해야 할까요?

농담으로 시작하겠다: 82세인 Joe가 병원에 갔다. 그는 한동안 기분이 좋지 않았다. 의사는 Joe를 진찰한 후 문제가 너무 많아서 어디서부터 치료를 시작해야 할지 알기 어렵다고 말했다. Joe의 문제 중 가장 큰 문제는 난청이 심각하다는 것이었다. 의사는 Joe에게 몇 가지 건강 문제를 해결하기 위한 약을 처방하고 며칠 후에 다시 방문하여 더 장기적인 개입에 대해 논의해 달라고 요청하였다. Joe는 지친 모습으로 집으로 돌아와 바로 잠자리에 들었다.

며칠 후 의사는 Joe가 길을 걷는 모습을 보게 되었다. 그는 세상에서 아무 신경도 쓰지 않는 듯 아름다운 젊은 여성 팔짱을 끼고 힘차게 걸어가고 있었다. 의사는 놀랍게도 Joe를 멈추고 어떻게 그렇게 짧은 시간에 건강을 개선할 수 있었는지 물어보았다. Joe는 "의사 선생님, 나는 시키는 대로 했을 뿐입니다!"라고 대답한다. 당황한 의사는 Joe에게 무슨 뜻인지 다시 물어 보았다. Joe는 밝게 웃고 "a hot momma(열정적인 엄마)를 얻으라고 하셨잖아요!"라고 대답하였다. 깜짝 놀란 의사는 "조심하라고 했잖아!"라고 외치며 "A heart murmur!"("심장잡음이 있잖아요!")라고 말하였다.

Joe에 대한 농담에 조금이라도 웃음이 났다면 인생에 몇 분이 더 늘어났을 것이다. 유머나 웃음이 뇌와 신체에 미치는 영향은 놀랍다. 실제로 미국 암 치료 센터(2019)의 전체론적 치료법 중 하나가 웃음 치료일 정도이다. 병원의 어린이 병동에서 광대를 볼 수 있는 이유도 바로 이 때문일 것이다. 웃음은 또한 신체적 긴장과 스트레스를 완화하고 면역 체계를 강화하며 기분을 개선하고 심장 질환을 예방한다(McGauran, 2015).

어떤 사람들은 성격에 따라 더 행복해지기 쉽지만, 우리 모두는 행복한 사람으로 태어난다. 연구자들에 따르면 어린 아이들은 하루 평균 300번 정도 웃는다고 한다. 하지만 성인이 되면 하루에 17번 웃는 것이 행운이라고 한다(University Hospitals, 2015). University Hospitals Connor 통합 건강 블로그(University Hospitals, 2015)에 따르면, 우리 삶에 스트레스를 유발하는 5가지 주요 요인이 있다. 여러분과 공유하기 전에 눈을 감고 목록에 무엇이 있는지 생각해 보자. 아마 더 많은 것을 떠올릴 수 있을 것이다.

> **〈 스트레스 5가지 주요 요인 〉**
>
> 1. 사랑하는 사람의 사망   4. 중대한 질병 또는 부상
>
> 2. 이혼   5. 일자리 손실
>
> 3. 이동

이 블로그는 코로나19 이전에 게시되었지만, 팬데믹은 스트레스를 유발하는 주요 요인에 모두 영향을 미치고 있으며, 이로 인해 우리의 뇌는 하루 하루를 끊임없는 부정적 상태로 살아가고 있다. 이 건강 네트워크의 의료 책임자인 Dr. Françoise Adan (University Hospitals, 2015)는 신체가 이러한 위협과 기타 인지된 위협에 대응하기 위해 투쟁 또는 도피 모드로 전환하여 스트레스 호르몬인 코르티솔과 아드레날린을 방출하기 때문에 이러한 부정적인 상태로 생활하는 것에 대해 주의해야 한다고 경고한다. 이러한 스트레스가 쌓이면 염증 증가, 면역 체계, 소화기 건강, 골밀도, 성 건강, 불안, 수면에 대한 부정적인 영향 등 다양한 건강 문제를 일으킬 수 있다(University Hospitals, 2015).

높은 스트레스는 노화의 가장 큰 원인이다. 우리는 공개적으로 장기간 극심한 스트레스를 겪은 사람들이 눈앞에서 늙어가는 것을 여러 번 보아왔다. 전직 미국 대통령들은 퇴임 후 4년 또는 8년 전에 취임했을 때보다 20년은 더 늙어 보이는 경우가 많았다. 이 장에서는 유머와 웃음이 삶의 질에 미치는 부분에 대하여 설명하려고 한다.

한 가지 주의할 점이 있다: 웃음과 풍자를 구분해야 한다. 다른 사람을 비하하거나 깎아내리는 것은 유머가 아니라 풍자이며, 최소한 뇌를 위협하여 전두엽을 정지시킬 수 있다. 뇌가 위협을 감지하면 편도체에서 공포 반응이 촉발되어 투쟁-도피 반응에 관여하는 운동 기능이 활성화된다(Javanbakht & Saab, 2017). 그러면 뇌의 인지적 부분에서 정서적 부분으로 강조가 이동하여 기억을 더 어렵게 만든다.

그렇다면 하루에 300번 웃던 것이 어떻게 17번으로 줄어들 수 있을까? 나머지 283번의 놓친 기쁨의 순간을 회복할 수 있을까?

2000년대 초반부터 나는 코미디언의 생존 기간에 특별한 관심을 기울여 왔다. 물론 예외도 있을 수 있다. 어떤 경우에는 코미디언의 라이프 스타일과 스트레스 수준이 조기 사망의 원인이 될 수도 있다. 그러나 나는 유머 감각이 특히 여성의 사망률을 낮춘다는 사실을 뒷받침하는 규칙을 따르는 코미디언이 그렇지 않은 코미디언보다 더 많다는 사실을 발견하였다(Rodriguez,2016).

② 뇌 연구가 말하는 것: 왜 해야 할까요?

13세기까지 거슬러 올라가면 외과의사들은 환자의 주의를 고통에서 돌리기 위하여 유머를 사용했다고 한다. 미국 암 치료 센터(2020)에 따르면 60분간 3번의 웃음 치료 세션만으로도 방사선 치료를 받는 환자의 기분과 자존감을 개선하는 데 충분하다고 한다. 이는 웃음이 유발하는 뇌의 엔도르핀 분비 때문이다(Cancer Treatment Centers of America, 2020). 웃음에는 많은 의학적 이점이 있다. 실제로 혈압을 낮추고 긴장된 근육을 이완하며 면역 체계를 자극한다(Sousa,2012).

우울증, 불안, 스트레스, 적대감과 같은 심리적, 사회적 요인의 위험은 비만, 흡연, 고혈압과 마찬가지로 심혈관 질환의 의학적 지표에 거의 큰 영향을 끼친다.

Rodriguez, 2016; Underwood, 2005

The Mayo Clinic staff(2019)은 웃음이 단기적으로 신체에 미치는 이점을 다음과 같이 설명하였다.

1. 웃음은 산소가 풍부한 공기 수준을 높이고 엔도르핀 수치를 높이는 것 외에도 신체의 심장, 폐 및 근육을 자극한다.
2. 활짝 웃으면 심박수가 증가했다가 감소하고 스트레스 반응이 활성화되었다가 진정될 때 발생하는 이완된 느낌도 느낄 수 있다.
3. 웃음을 통해 혈액 순환이 촉진되고 근육이 이완되면 스트레스로 인한 신체적 증상이 완화될 수 있다.

웃음은 다음과 같은 방식으로 장기적으로도 유익하다(Mayo Clinic Staff, 2019).

1. 웃음은 시간이 지남에 따라 스트레스와 더 심각한 질병과 싸우는 데 도움이 되는 신경 펩타이드를 방출한다. 반면에 부정적인 생각은 화학 반응으로 바뀌어 신체에 더 많은 스트레스를 유발하고 면역력을 떨어뜨릴 수 있다.
2. 웃음을 통해 신체가 엔도르핀이라는 천연 진통제를 생성하면 통증이 완화될 수 있다.
3. 웃음은 다른 사람들과 소통할 수 있게 해주고 어려운 상황에서도 쉽게 대처할 수 있게 해준다.
4. 웃음은 우울증을 완화하고 전반적으로 행복감을 느끼게 한다.

인도에서는 의사 Madan Kataria가 설립한 Central India Laughter Club과 같은 클럽에서 사람들이 흔히 웃음 요가로 불리는 운동에 참여한다. 이 클럽의 회원들은 일련의 이완 및 호흡 기술을 통해 강제 웃음을 연습한다. 웃음은 억지로라도 매우 유익하다. 강제 웃음은 심박수를 개선하고, 면역 체계를 강화하며, 혈압을 낮추고, 스트레스 호르몬의 생성을 줄이고, 통증에 대한 내성을 높일 수 있다(Manohar, 2020).

"즐겁게 배운 것은 결코 잊지 않는다"(Allen, 2008, 99쪽)는 말이 있다. 이 말이 사실인데에는 여러 가지 이유가 있다. 산소는 뇌에 있어 휘발유가 자동차에 있어 연료와 같은 역할을 한다. 웃으면 더 많은 산소가 혈류로 유입되어 뇌에 더 많은 연료가 공급되어 더 효율적인 사고 과정을 가능하게 한다. 유머는 개인의 창의력을 자유롭게 하고 새로운 상황을 인지하고 예상하며 시각적 이미지를 만들고 유추를 형성하는 고차원적인 사고 능력을 키워주는 것으로 나타났다(Costa, 2008).

웃음은 교사와 학생 모두의 정신적 태도를 개선하여 업무를 진지하게 받아들이고 스스로를 가볍게 여길 수 있게 해줍니다.

Sousa, 2017

웃을 때 생성되는 엔도르핀 또는 기분 좋은 화학 물질은 뇌의 전두엽을 자극하여 주의력과 집중력을 높인다(Sousa, 2011). 따라서 감정은 정보의 기억력을 향상시키기 때문에 사람들이 웃을 때 생기는 긍정적인 감정은 콘텐츠를 기억하고 나중에 해당 콘텐츠를 떠올릴 확률이 높다.

다음 단계에서는 이러한 신체와 두뇌의 이점을 얻기 위해 웃음을 늘리기 위한 전략을 살펴보도록 한다.

③ 실행 단계: 어떻게 해야 할까요?

전략 1 웃음 짓기

행복하면 미소를 짓게 되는 것뿐만 아니라 미소를 지으면 더 행복해질 수 있다. 미소를 짓는 데는 13개의 얼굴 근육만 필요하다. 찡그리려면 47개 이상의 근육이 필요하다. 사람들은 찡그리기 위해 훨씬 더 열심히 노력해야 한다! 하지만 전 세계를 여행하면서 긍정적인 성향을 보이거나 미소를 짓는 사람 한 명당 얼굴을 찡그리거나 미간을 찌푸리거나 끊임없이 부정적인 상태에 있는 사람이 훨씬 더 많은 것 같다. 진심이든 아니든 미소를 짓는 것은 실제로 시간이 지남에 따라 행복감을 높여준다(Stibich, 2021). 간단한 미소는 자신의 기질을 개선할 뿐만 아니라 주변 사람들을 기분 좋게 만들 수 있다.

나는 다음과 같이 권장한다. 교사가 학생과 동료에게 미소로 인사하는 것을 권장한다. SMILE이라는 단어는 '매일 사랑받고 있습니다'의 약자로 생각하면 도움이 된다.

전략 2 강제로 웃음 짓기

우리 몸은 모방 웃음과 자발적인 웃음의 차이를 알지 못한다. 웃음 요가를 가르치는 사람들은 이것을 알고 있다. 그들은 참가자들이 그룹으로 웃음을 연습하도록 권장한다. 처음에는 강제적이지만 곧 더 자연스러운 유머러스한 경험으로 바뀔 수 있다. 인도에는 1,800개가 넘는 웃음 클럽이 있어 사람들이 함께 모여 건강을 위해 웃고 있다. 예를 들어, 학생이 여러분이나 동료들의 관심을 끌기 위해 어리석은 행동을 할 때는 억지로 웃어보자. 나중에 그 에피소드를 떠올리며 웃게 될 가능성이 높으니, 지금 당장 가짜로 웃어보도록 하자.

전략 3 소품 활용하기

웃고 싶지 않을 때는 Smile on a Stick[®](www.smile onastick.com)을 사용하자. 이 재미있는 소품은 나무 막대기에 미소 짓는 컬러 그림이 그려져 있어 입에 대고 웃을 수 있다.

스마일은 다양한 피부 톤과 다양한 표정, 재미있는 휴양지 스타일로 구성되어 있다. 이 소품은 가상으로 또는 직접 학생들을 맞이할 때 사용하기에 완벽한다.

전략 4 주변 환경 재미있게 만들기

인사말 카드, 만화, 웃음을 자아내는 사진 등 간단한 아이템 몇 가지를 찾아보자. 집, 교실 또는 사무실에 게시해보록 하자. 매일매일 보면서 기분이 좋아질 수 있다. 벽에서 사진을 떼어내더라도 뇌는 여전히 거기에 있던 것을 시각화할 수 있다. 나는 진료실과 같은 다른 사람의 사무실에 있을 때 불편한 가운을 입고 진료를 기다리는 동안 벽에 걸린 유머러스한 만화를 보고 웃곤 한다.

전략 5 웃는 방법 배우기

일반적인 믿음과는 달리 웃음은 배울 수 있다. 내가 학생들을 가르치기 시작했을 때 아무도 웃지 않을까봐 농담을 하는 것을 주저했었다. 마침내 용기를 내어 농담을 시도했을 때 놀랍게도 청중이 실제로 웃었었다. 이를 계기로 레퍼토리에 점점 더 많은 농담과 수수께끼를 추가할 용기를 얻게 되었다. 이제 웃음은 교육자들과 함께 일하는 데 없어서는 안 될 부분이다.

웃음이 필요할 때를 대비해 재미있는 영화, 책, 잡지 또는 동영상을 준비해 두자. 온라인에서 농담과 수수께끼를 찾아보고 유머 사이트를 찾아보도록 하자. 나는 항상 워크숍에서 사용할 수 있는 수수께끼를 찾고 있다. 예를 들어 영어 교사와 함께 작업할 때 사용할 수 있는 수수께끼는 다음과 같다: 고양이와 쉼표의 차이점은 무엇인가요? 이 수수께끼가 마음에 들지 않으면 그냥 웃는 척해보자.

> 1. 고양이는 발 끝에 발톱이 있다.
> (A cat has claws at the end of its paws.)
> 2. 쉼표는 절의 끝에 있는 일시 정지이다.
> (A comma is a pause at the end of a clause.)

The Mayo Clinic 직원(2019)은 자신을 웃게 만드는 사람들을 찾아 그들과 함께 시간을 보내는 습관을 들일 것을 제안한다. 이 그룹과 농담과 재미있는 이야기를 공유해보자.

1. 주변에 항상 웃는 얼굴로 생활하는 사람이 있나요?
2. 항상 웃음을 잃지 않는 사람이 있나요?
3. 기쁨을 빼앗고 기분을 우울하게 만들어서 피해야 하는 사람이 있나요?

학년별 또는 부서별 웃음 동아리를 구성하고 교대로 농담이나 수수께끼를 가져와서 수업 시작 전 공유해보자. 농담이 재미없으면 그냥 흉내를 내면 된다는 점을 기억하도록 하자. 억지로 웃는 것도 효과가 있다.

전략 7 웃음을 자아내는 프로그램 시청하기

내가 어렸을 때 텔레비전은 코미디와 버라이어티 쇼로 가득했다. 내가 가장 좋아했던 프로그램 중 하나는 the *Carol Burnett Show*였다. 토요일 밤이면 Carol, Harvey Korman, Tim Conway, Lyle Waggoner, and Vicki Lawrence 등의 익살스러운 모습에 웃느라 한 시간을 두 배로 보내곤 했다. 또 다른 애청 프로그램은 *Seinfeld*. 였다. 대부분의 에피소드가 처음 봤을 때처럼 재미있고, 30분이 끝나면 엔도르핀을 생산하며 좋은 시간을 보낸 것 같아 기분이 훨씬 좋아졌었다.

전략 8 비꼬는 말 피하기

어떤 사람들은 유머와 풍자를 혼동한다. 사람을 비하하거나 불쾌감을 주는 발언은 유머가 아니고 비꼬는 것이다. 어떤 대가를 치르더라도 비꼬는 말은 피하는 것이 좋다. 비꼬는 댓글을 받은 사람은 미소를 짓거나 웃을 수 있지만, 그 발언은 여전히 부정적인 영향을 미칠 수 있다. 실제로 상대방이 비꼬는 댓글을 위협으로 인식하면 그 사람과의 관계가 악화되고 받는 사람의 뇌의 전두엽이 닫힐 수 있다.

함께 웃는 것은 공동체 의식을 형성하는 가장 좋은 방법이다. 스트레스가 많은 환경에서는 유머 감각을 잃는 경우가 많다.

매일 미소로 학생들을 맞이하자. SMILE: 내가 매일 사랑받고 있다는 것을 보여 주자. 라는 약어를 잊지 말도록 한다. 미소 짓기가 어려운 날에는 직접 구입하거나 만든 스마일 온 스틱을 사용해도 좋다. 학생들이 좋아할 것이다! 학생들에게 아이스캔디 스틱과 포스터 보드를 제공하고 자신만의 미소를 디자인하게 한다. 학생들은 다른 학생의 답변에 동의하거나 긍정적인 코멘트를 하고 싶을 때 하루종일 이 스티커를 사용할 수 있다.

자신이 재미없다고 생각되면 농담이나 수수께끼 책을 사용하거나 온라인에서 검색하여 학생의 연령과 학년 수준에 적합한 농담이나 수수께끼를 선택한다. 유머러스한 이야기, 농담, 수수께끼 또는 말장난으로 수업을 시작하면 학습자의 주의를 끌 수 있다. 매일 농담이나 수수께끼로 가상 또는 대면 수업을 시작한다. 학생들은 수업에 참여하는 것을 기대할 것이다. 많은 초등학교 학생들은 좋은 농담에 담긴 미묘한 유머를 이해하는 데 어려움을 느끼지만 수수께끼를 좋아한다. 학생들과 수수께끼를 공유한 다음 학생들이 온라인 또는 직접 수수께끼를 제출하도록 한다. 수수께끼가 학급에 적합한지 미리 읽어보는 것이 좋다.

중·고등학교에 진학할 즈음에는 반에서 가장 웃긴 친구로 명성을 쌓은 학생들도 있을 것이다. 수업 전이나 후에 농담이나 수수께끼를 공유할 한 주 동안의 오락부장을 지정하여 그 재능을 활용하도록 한다. (학생들이 무엇을 공유할 계획인지 미리 점검하도록 한다.) 모든 학생에게 한 주 동안 오락부장 역할을 맡을 수 있는 기회를 제공하도록 한다.

하지만 유머는 수업을 시작하기 위한 전략 그 이상일 수 있다. 유머는 학생의 주의를 집중시키고 정보를 기억하는 데 매우 좋은 전략이므로 Sousa(2017)는 학습 목표의 맥락에서 수업 전반에 걸쳐 유머를 사용할 것을 제안한다. 풍자를 사용하지 말고 유머에 충실하도록 주의를 기울인다.

03 실행 계획

이 장의 서두에서 Pharrell Williams의 2013년 노래 "Happy"에 대해 논의했던 것을 기억해보자. 그 노래를 들으면 경쾌하고 즐거운 기분이 들지 않을 수 없다. 음악은 우리 삶에 매우 긍정적인 영향을 미칠 수 있으며 웃음도 마찬가지다. 다음 실행 계획을 참고하여 면역력을 강화하고 전반적인 건강을 개선하기 위해 일상에 웃음을 도입하기 위해 어떤 조치를 취할지 결정하도록 한다.

| 웃음으로 하나가 되기 위한 실행 계획

내 삶에 더 많은 유머와 즐거움을 더하기 위한 계획은 무엇인가요?

권장 사항	현재 할 수 있는 것	더 노력해야 할 것
찡그리는 것보다 더 많이 웃으세요.		
웃음 요가를 연습하세요.		
재미있는 시각자료를 주변에 두세요.		
웃는 연습을 하세요.		
다른 사람들과 웃음을 공유하세요.		
웃음을 자아내는 시청각 자료를 감상하세요.		
학생들과 함께 SMILE (매일 사랑받고 있음을 보여주세요).		
유머러스한 만화, 농담, 수수께끼를 수업에 적용합니다.		
무슨 일이 있어도 비꼬는 말은 피하세요.		
오락부장을 임명하여 학급과 농담과 수수께끼를 공유하세요.		
학생들과 함께 스마일 온 더 스틱 소품을 사용하거나 학생들이 직접 만들게 하세요.		

목표 및 참고 사항

03

낙관성

> ## 낙관성
>
> "최고"를 의미하는 라틴어 옵티머스(optimus)에서 파생된 단어로, "어려움, 도전, 위기에도 불구하고 긍정적인 결과에 대한 믿음과 기대"를 의미한다(Ventrella, 2001).

뮤지션 Bobby McFerrin(1988)의 노래 "'Don't Worry, Be Happy"를 들으면 미소를 짓지 않을 수 없다. 아카펠라 곡으로는 최초로 Billboard Hot 100(Billboard, n.d.) 1위를 차지한 곡인 "Don't Worry, Be Happy"는 청취자들에게 부정적인 것에 집중하지 말 것을 이야기하고 있다.

이 노래의 가사는 다음과 같은 의미이다. 인생의 도전에 직면하고 있다. 이 매우 귀에 쏙쏙 들어오는 노래가 Grammy Award for Song of the Year in 1988을 수상한 것은 놀라운 일이 아니다(Academy, n.d).

코미디언 Robin Williams와 Bill Irwin이 우스꽝스러운 의상을 입고 우스꽝스러운 춤을 추는 영상은 이 장의 초점인 장수의 원칙, 즉 낙관주의를 상기시켜 준다.

낙관성

01 건강한 교사

① 낙관성: 무엇을 해야 할까요?

Norman Vincent Peale의 제자인 Scott Ventrella(2001)의 저서인 *The Power of Positive Thinking in Business*에서 긍정적 사고자의 10가지 특성을 설명한다. 그 열 가지 특성 중 하나는 낙관주의이다. 그러나 비관적인 상태에서 삶을 사는 것이 더 간단하다. 왜 그럴까? 그것은 모두 우리의 설계 방식과 관련이 있다. 우리의 뇌는 위협에 집중하도록 설계되어 있다. 이러한 생존 메커니즘은 수천 년 전 수렵과 채집 생활을 하며 먹히거나 굶어 죽을 위협 속에서 하루하루를 살아가던 시절에 잘 작동했다. 위협으로 보이는 모든 것은 우리 안에 있는 투쟁-도피 생존 본능을 촉발하여 호흡, 혈압, 심박수를 증가시켰다. 이러한 신체 반응은 오늘날에도 여전히 강력하기 때문에 부정적인 사건이 긍정적인 사건보다 우리의 기분에 훨씬 더 큰 영향을 받는다. 우리가 부정적으로 인식하는 미래의 사건을 단순히 시각화할 때도 우리는 현재를 비참하게 만들 수 있다(Cherry, 2020).

이러한 생물학적 메커니즘은 부정적인 영향이 나타난다. 위협을 상상할 때 우리는 진행 중인 프로젝트가 실패하고, 가르치는 학생들이 행동 문제를 일으키고, 계획한 수업이 성공하지 못할 것이라고 확신하며 몇 달을 보내게 된다. 실패로 이어지거나 당황하게 만들 수 있는 모든 상황을 경계하게 된다. 단순한 실수를 큰 실수로 인식하도록 한다.

부정적인 생각을 파악하는 것이 부정적인 생각에서 벗어나기 위한 첫 번째 단계이다.

다음 목록은 비관주의 또는 부정적인 사고의 범주를 제시한다(Ferguson, 2019; Star, 2020).

1. 전부 아니면 전무 사고: 완벽하지 않은 것은 실패로 간주하기 때문에 모든 일을 완벽하게 해야 한다.
2. 긍정적인 면을 잊어버리기: 인생은 연이은 실망감으로 가득하다.
3. 파국적 상황: 실패하면 최악의 시나리오가 될 것이다.
4. 부정적인 자기 라벨링: 나는 실패자처럼 느껴진다.
   나는 결점이 있다.
   사람들이 나를 정말 안다면 나를 좋아하지 않을 것이다.

가족이나 친구와 함께 이 실험을 해보고 부정적인 생각에 대한 신체의 반응을 알아보도록 한다. 서서 상대방이 뒤에 서게 한다. 지배적인 팔을 몸 옆으로 뻗어 몸과 직각을 이루도록 한다. 긍정적인 생각, 즉 자신을 행복하게 하는 무언가를 떠올려 보도록 한다. 가족이나 친구에게 손을 어깨에 얹고 팔을 아래로 밀어달라고 요청한다.

긍정적인 생각을 하는 동안 팔에 힘을 주고 상대방이 팔을 아래로 당기지 못하게 한다. 그런 다음 이 과정을 반복하되 이번에는 부정적인 생각, 즉 자신을 불행하게 만들거나 스트레스를 유발하는 상황을 떠올려 보도록 한다. 가족이나 친구에게 다시 팔을 아래로 당겨보도록 요청한다. 팔에 일어나는 일에 차이가 있는가?

자원 봉사자들과 함께 워크숍에서 이 운동을 하면 팔을 쭉 뻗은 사람은 긍정적인 생각을 할 때 팔을 계속 위로 올릴 수 있다. 반대로 부정적인 생각을 할 때는 팔을 쉽게 아래로 내려간다. 그런 다음 모든 교육자에게 워크숍에 참석한 다른 사람과 짝을 지어 이 실험을 해보라고 한다. 이 활동은 긍정적인 생각과 부정적인 생각이 뇌와 신체에 미치는 영향을 보여주는 예시이다.

긍정적인 사고와 부정적인 사고의 영향은 스포츠에서 쉽게 볼 수 있다. 열렬한 스포츠 팬인 나는 홈런을 친 야구 선수가 나중에 같은 경기에서 타석에 돌아와서 또 다른 홈런을 치는 경우가 많다는 사실을 발견했다. 골을 성공시킨 축구 선수는 다음 골도 성공시킬 확률이 더 높다. 성공은 성공을 낳는다! 부정적인 사고도 마찬가지이다. 실수를 저지른 야구 선수는 종종 또 다른 실수를 저지른다. 키커가 한 번 골을 놓치면 다음 골도 놓치는 경우가 많다.

다음에 스포츠 경기를 시청할 때 아나운서가 자신감이라는 단어를 언급하는 횟수를 기록해 보도록 한다. 자신감은 방송에서 빼놓을 수 없는 부분일 것이다. 자신감의 수준이 높으면 뇌는 성공적인 결과에 대해 더 낙관적으로 생각하고 신체는 단순히 더 잘 수행한다. 이것이 첫 세트를 이긴 테니스 선수가 남은 경기에서 결정적인 우위를 점하는 이유이다.

축구와 야구도 첫 득점을 하는 팀이 유리하다. 그렇다고 해서 한 팀이 역전하여 승리할 수 없다는 의미는 아니다. 역전은 항상 일어나지만 훨씬 더 어렵고 더 높은 수준의 자신감이 필요로 한다. 선수마다 또는 팀마다 자신감 수준이 달라지는 것을 momentum shift라고 하며, 이를 통해 점수가 바뀔 수도 있다.

② 뇌 연구가 말하는 것: 왜 해야 할까요?

Ventrella(2001)의 말에 따르면 사람은 다음과 같은 행동을 할 때 낙관적인 태도를 보인다고 한다:

1. 위기, 어려움 또는 문제의 긍정적인 기회와 이점을 파악하도록 한다.
2. 모든 사업에서 성공, 성취 또는 만족을 기대한다.
3. 원하는 삶을 실현할 수 있는 무한한 가능성을 확인한다.
4. 새로운 기회에 대처하거나 도전에 직면했을 때 통제감을 느낀다.
5. 내부 및 외부의 두려움, 우려, 의심의 영향을 줄이거나 제거한다.
6. 어떤 상황에서도 활기찬 분위기 유지한다.
7. 문제를 해결할 수 있다는 마음가짐으로 문제를 해결한다.

낙관주의가 왜 그렇게 중요한가? 만연한 비관주의는 뇌와 신체 모두에 해롭다. 연구에 따르면 비관주의는 면역력을 저하시켜 신체의 자가 치유 능력을 둔화시킨다(HealthyPlace.com Staff Writer, 2016). 불안과 신체 건강 악화를 조장한다. 좌절에 대처할 때 비관주의는 수동성과 우울증을 촉진할 수 있다.

비관론자에게 좌절은 재앙이 되고 재앙은 자기 충족적 예언을 낳는다.

Ventrella, 2001, 109쪽

낙관주의는 그 반대의 역할을 한다. 낙관주의는 면역력을 높이고, 좌절이 닥쳤을 때 회복력을 키우며, 일이 막막할 때 포기하지 않도록 도와준다. 비관론자들은 좌절을 모든 것이 예전 같지 않을 것이라는 신호로 받아들일 것이다. 낙관주의자는 좌절을 극복해야 할 도전으로 여긴다. 비관주의자들은 무언가 잘못되었을 때 그것을 타고난 성격의 결함이라고 생각한다. 낙관주의자는 잘못을 자신이 통제할 수 없는 일시적이고 외부적인 힘의 탓으로 돌린다.

> 강인한 낙관주의자는 모든 문제를 자신의 지능, 독창성, 믿음에 대한 도전으로 간주한다. 그는 해결책이 있다는 것을 알기 때문에 마침내 그 해결책을 찾아낸다.
>
> Peale, 1993

Boston University School of Medicine의 VA Boston Healthcare System의 국립 외상 후 스트레스 장애(PTSD) 센터, Harvard T. H.(Chan School of Public Health의 연구진)은 낙관주의가 높은 사람들이 85세 이상까지 사는 것을 '탁월한 장수'라고 정의하는 것을 달성할 가능성이 높다는 사실을 발견했다(Centre for Optimism, 2019).

비관적인 전망에서 낙관적인 전망으로 바꿀 수 있다. Harvard professor Amy Edmondson(2003)는 4개 병원의 성공률을 연구했다.

덜 침습적이면서도 성공적인 개심술을 위한 프로세스를 도입하려고 시도했다. 새로운 기술을 도입하는 것은 예상보다 어려웠고, 두 병원은 성공하고 두 병원은 실패했다. 성공한 병원과 실패한 병원의 차이는 자원, 관리 지원, 전문성, 심지어 병원의 이전 혁신 역사와도 무관했다.

오히려 새로운 수술 프로세스를 어떻게 구성하느냐에 따라 성공 여부가 결정되었다. 성공한 병원은 새로운 수술 절차를 환자에게 큰 혜택을 줄 수 있는 학습 기회로 삼았다.

실패한 병원에서는 새로운 프로세스를 경영진이 요구하는 시간이 많이 걸리고 어려운 프로세스라는 부정적인 프레임을 씌웠다. 즉, 새로운 기술 구현에 대한 도전 과제를 낙관적으로 설정함으로써 성공적인 수술팀은 어려움을 극복할 수 있었다.

Mayo Clinic (2020)에 따르면 낙관주의는 어려움과 스트레스가 있을 때 해결책과 희망적인 면을 찾는 것으로 정의한다. 낙관적인 사람들은 실망스러운 일을 겪더라도 일시적인 장애물로 간주한다. 다시 말해, 낙관주의자들은 특정 사건의 좌절이 삶의 다른 모든 영역에 부정적인 영향을 미치도록 허용하지 않는다.

낙관주의는 신경학자들이 거울 뉴런이라고 부르는 것 때문에 전염될 수 있다. 미러

링은 대화 중에 한 사람이 다른 사람의 제스처와 표현을 모방할 때 발생한다(Pentland, 2010). 청취자는 화자와 함께 웃거나 찡그리거나 화자의 자세나 태도를 따라 할 수 있다. 이러한 행동은 사람들 간의 뇌 연결을 형성하여 공감을 높이고 지지를 강화한다.

이러한 행동은 그룹 내에서 위험감을 낮추는 데 도움이 될 수 있다. Sandy Pentland (2010) (the Massachusetts Institute of Technology)에 따르면 미러링이 많이 포함된 협상은 어느 쪽이 상대방의 제스처를 모방하든 관계없이 더 성공적인 경향이 있다고 한다.

그렇다면 어려운 시기에 직면했을 때에도 낙관적인 시각으로 삶과 업무에 접근하려면 어떻게 해야 할까?

③ 실행 단계: 어떻게 해야 할까요?

전략 1 나의 기분 파악하기

화가 나거나 스트레스가 많은 상황에 빠져 있다면, 그 상황을 일시적인 부정적인 사건으로 보고 대처해야 할 일이라고 생각하도록 한다. 그 상황에 대처한 다음, 생각을 다른 것으로 전환하여 의식적으로 두뇌 활동을 바꾸도록 한다. 스트레스를 주는 상황에서 벗어나 자신의 문제가 아닌 다른 문제로 초점을 전환한다. 기분을 모니터링하고 부정적인 감정을 인식한 후에는 긍정적인 느낌을 주는 다른 것에 집중하기로 결정할 수 있다. 나는 힘든 상황에 몰입할 때면 항상 더 나빠질 수 있다는 사실을 상기하며 기분을 모니터링한다.

다음과 같은 경우 이러한 관점에서 도전을 고려하면 상황이 보이는 것만큼 심각하지 않다는 것을 알 수 있다.

전략 2 낙관성을 두려워하지 않기

Ventrella(2001)에 따르면 많은 사람들이 실망할까봐 낙관적인 태도를 취하는 것을 두려워한다고 한다. 사람들은 종종 큰 일을 기대하지 않으면 큰 일이 실현되지 않더라도 실망하지 않을 것이라고 합리화한다. 하지만 위대한 일에 대한 희망이 없다면 우리는 많은 것을 성취할 수 없다. 달을 향해 손을 뻗으라는 속담을 생각해보자. 달을 놓치면 별에 착륙할 확률이 높다는 뜻이다.

좋은 소식은 우리가 언어와 더 광범위한 부정성에 노출될 때부터 형성되는 부정적인 생각과 행동은 연성화된다는 것이다. 이는 학습된 행동으로 바꿀 수 있다. 긍정적인 사고의 핵심은 이 장의 첫 번째 부분에서 설명한 부정적인 사고 유형(전부 아니면 전무 사고, 긍정적인 면을 잊어버리기, 파국적 사고, 부정적인 자기 낙인찍기)이 언제 나타나는지 인식하고, 모든 도전이 위협이나 위기가 아니라는 것을 깨닫기 위해 어떻게 생각을 전환할 수 있는지 생각해보는 것이다. 우리가 찾기만 한다면 매일매일 휴식과 성찰, 웃음의 순간이 찾아온다. 그렇게 시간을 보내도록 하자!

전략 4 긍정적인 결과 시각화하기

베스트셀러 작가인 Covey(*The 7 Habits of Highly Effective People* (2020))는 시각화, 즉 머릿속에서 일어날 것으로 예상되는 일을 보는 것의 힘에 대해 이야기한다. Covey는 모든 일은 마음속에서 한 번, 현실에서 한 번, 두 번 일어난다고 말한다. 많은 운동선수들이 성취하기 전에 긍정적인 성과를 시각화하는 이유와 화학 요법과 같은 치료를 받는 환자에게 치료가 자신의 몸에 작용하는 것을 시각화하도록 권장하는 이유도 바로 여기에 있다.

Judy Willis(2007)(미국 신경과 전문의이자 중학교 교사)에 따르면, 뇌가 실제로 냄새를 맡고, 듣고, 보는 것과 동일한 냄새, 소리, 광경을 시각화할 때 뇌가 상상하는 것은 뇌의 동일한 신경 회로를 자극한다고 한다. 시각화는 "활동 중에 사용될 신경 회로를 준비"하기 때문에 성공할 확률을 높인다(Willis, 2007).

뇌가 긍정적인 결과를 시각화하면 성취할 가능성이 더 높아진다. 어떤 어려운 일을 시작하기 전에 그 일을 성공적으로 해내는 모습을 상상해 보도록 해보자. "성공할 때까지 가짜를 만들어라"라는 말을 들어봤을 것이다. 내가 교사들을 가르치기 시작했을 때 나는 매우 긴장했다. 다리가 약하고 떨려서 연단 뒤에 서 있는 것만으로도 다행이었다. 그러다 한 워크숍에서 발표를 하게 되었는데, 그 후 한 선생님이 내게 다가와 내 연기에 대해 칭찬해 주었다. 그 선생님은 그 순간과 그 이후에 나에게 얼마나 큰 자신감을 주셨는지 모른다. 25년이 지난 지금, 50만 명 이상의 교육자를 가르치면서 나는 기회가 있을 때마다 성공할 수 있다는 자신감을 갖게 되었다. 하지만 안전을 위해 나는 여전히 프레젠테이션을 할 때마다 그렇게 하는 내 모습을 상상한다.

특정 장애물에 직면했을 때, 자신이 직면해야 하는 모든 일을 처리할 수 있다는 사실을 받아들이고 인정하는 긍정적인 긍정의 말을 적어본다. 그런 다음 장애물을 극복할 수 있는 실행 가능한 옵션을 최대한 많이 적어보도록 한다. 목록을 작성하는 것은 뇌가 글로 쓴 내용을 기억하고 실행할 가능성이 더 높기 때문에 중요하다(Locke, nd). 물론 목록에 부정적인 옵션도 있겠지만 긍정적인 옵션도 있을 것이다. 긍정적인 것에 집중하도록 한다.

전략 6 자신감 얻기

성공이 성공을 낳는다면, 한 번의 긍정적인 결과는 뇌에 또 다른 성공적인 결과를 가져올 수 있다고 믿는 확신을 심어준다. 성공을 경험하기 위한 구체적인 계획을 세우도록 한다. 개인적인 예를 들어보겠다. 나는 다음 기조연설, 세미나 또는 워크숍에 참석하기 위해 이동할 때 항상 전날에 도착하도록 했다. 항공편이 취소되거나 지연되는 바람에 연결편을 놓치거나 아예 도착하지 못하는 경우가 여러 번 있었다. 나는 직업윤리에 자부심을 가지고 있기 때문에 고객의 기대를 뛰어넘는 것이 나에게 매우 중요하다.

그래서 공항에 앉아 비행시간 간격이 줄어드는 것을 보면서 다음 날 고객에게 프레젠테이션을 하는 내 모습을 상상하는 동시에 목적지까지 갈 수 있는 다른 방법을 찾고 있다. 나중에 환승할 수 있는 항공편이 있을 수도 있고, 다른 항공사에서 항공권을 구매할 수도 있을 것이다. 나는 목적지에 도착할 수 있는 방법을 찾을 수 있다는 낙관적인 태도를 잃지 않는다. 운이 좋게도 25년 동안 교사들을 가르치면서 매년 100건 이상의 예약을 받는 동안 예정된 날에 발표를 하지 못한 적은 5번도 채 되지 않았다.

전략 7 비관적인 상황 재구성하기

어려운 상황에 대해 낙관적으로 생각하려고 할 때, 비관적인 가정이나 신념을 대체할 수 있는 긍정적인 가정이나 신념을 재구성하거나 채택하도록 한다. 예를 들어, 주차장을 돌아다닐 때 매장 근처에 주차할 공간을 찾지 못하면 목적한 바를 달성하는 데 시간이 더 걸릴 것이라는 비관적인 생각이 들 수 있다. 대신 상황을 재구성해 보자. 멀리 주차해야 하는 경우 시간이 조금 더 걸릴 수 있지만, 걷기 운동을 할 수 있다는 의미이기도 하다. 더 멀리 주차하기로 결정할 수도 있다. 교사는 과거에 부정적인 방법으로 관심을 끌기 위해 노력하여 훈육에 문제가 있었다는 기록이 있는 학생을 받으면, 이 학생이 올해 여러분을 위해 할 수 있는 긍정적인 일을 위해 이 학생에게 관심을 줄 수 있는 방법을 생각하여 상황을 재구성해보도록 한다.

전략 8 영향력 범위 내에 머물기

Covey(2020)의 영향력의 원과 관심의 원은 ⟨*The 7 Habits of Highly Effective People*⟩에 나오는 원리이다. 나는 이 원리를 가르칠 뿐만 아니라 일상생활에서 실천할 정도로 삶을 변화시키는 개념이다. 이 개념은 우리 모두가 삶에서 가지고 있는 두 개의 원을 기반으로 한다. 관심의 원이라는 더 큰 원이 있다. 이 원에는 우리가 염려하지만 직접적으로 영향을 미칠 수 있는 것은 거의 없는 모든 것들이 포함된다. 이 큰 원 안에는 영향의 원이라는 작은 원이 있다. 이 원 안에는 우리가 염려하고 직접적으로 영향을 미칠 수 있는 모든 것들이 있다. 예를 들어, 우리의 건강은 영향의 원 안에 있다면 우리는 건강에 좋은 음식을 먹고, 운동하고, 충분한 수면을 취하는 등의 행동을 할 수 있다.

긍정적이고 낙관적으로 삶을 사는 사람들은 자신의 영향권 안에서 자신이 바꿀 수 있는 것들을 바꾸는 데 더 많은 시간을 할애하기 때문에 자신의 영향권 안에 있는 것들에 대해서만 걱정할 시간이 거의 없다. 비관적인 사람들은 아무것도 할 수 없는 일에 대해 불평하는 데 더 많은 시간을 소비한다. 이러한 불평은 기분을 더 나쁘게 만들 뿐 직면한 문제에는 아무런 영향을 미치지 않는다. 영향력 범위 내에 있는 개인적인 상황에 대해 생각한다면 그 상황을 더 나은 방향으로 바꾸기 위해 할 수 있는 일을 하도록 한다. 관심 범위 내에만 있고 아무것도 할 수 없는 다른 상황은 놓아주는 법을 배워야 한다. 단순히 걱정하는 것만으로는 건강과 웰빙에 부정적인 영향을 미치는 것 외에는 아무것도 이룰 수 없다. 이 개념은 신학자 Reinhold Niebuhr의 "평온의 기도"에도 표현되어 있다. 12단계 회복 프로그램에서 자주 사용되는 이 유명한 기도는 평온과 용기, 지혜를 달라고 하나님께 간구하는 기도이다.

Mirror Neurons(거울 뉴런) 덕분에 미소 짓고, 웃고, 칭찬하는 등 긍정적인 행동을 시작하면 다른 사람들도 같은 행동을 따라 하게 된다. 다른 사람들도 미소 짓고, 고개를 끄덕이고, 웃거나, '네'라고 대답하거나, 대화에 바로 참여하기 시작할 것이다. 그러면 곧 다른 사람들도 따라하게 되고 그룹 전체가 기분이 좋아질 것이다.

02 행복한 교실

매일 아침 일어나서 '오늘은 어떤 좋은 일이 생길까'라고 생각해보자. 물론, 어떤 날은 다른 날보다 이것이 더 어려울 것이다. 그러나 연구에 따르면 뇌가 동시에 부정적이면서 동시에 감사하는 것은 인간적으로 불가능하다고 한다(Young, nd). 감사한 모든 것에 대해 생각하는 것으로 하루를 시작하는 것이다.

 교사가 되기로 선택하는 것은 낙관주의에 대한 표를 던지는 것입니다.

Silver, Berckemeyer, & Baenen, 2015

학생들이 성취할 수 있는 것에 대해 낙관적이고 높은 기대치를 유지하도록 하자. 종종 교사는 자신이 가르치는 학생의 영구 기록을 보고 그 기록이 긍정적이지 않으면 올해도 다르지 않을 것이라고 미리 결론을 내릴 수 있다. 그러나 우리 모두 알다시피, 차이를 만드는 것은 교사이다! 이전에 성공을 경험하지 못한 학생들도 성공할 수 있는 부분부터 시작하여 자신감을 키우면 교실에서 큰 성과를 거둘 수 있다. 성공은 성공을 낳기 때문에 학생이 긍정적인 경험을 할 때마다 자신감이 높아져 더 큰 성취를 이루거나 더 높은 성취도로 이어진다.

교실에서 관점바꾸기 전략을 사용한다. 예를 들어, 도전적인 행동을 보이는 학생의 경우 부적절한 행동의 원인을 고려한다. 도전적인 행동에 대한 이러한 재구성을 통해 근본 원인을 해결하여 학생이 행동을 개선할 수 있도록 할 수 있다. 결국, 교사의 기대는 교실에서 일어나는 일을 가장 잘 예측하는 요소이다(Allen & Currie, 2012). 한 교실에서는 예의 바르게 행동하지만 다른 교실에서는 부정적인 행동으로 묘사될 수 있는 행동을 보이는 학생을 생각해 본다. 무엇이 이러한 차이를 만들어낼까?

똑같은 학생이지만 그 차이는 교사에 있다. 교사가 학생에게 부정적인 결과를 기대하면 학생으로부터 부정적인 결과를 얻는 데 에너지를 소비하게 된다. 그러나 교사가 긍정적인 결과를 기대하는 경우, 교사는 긍정적인 결과를 실현하는 데 똑같이 많은 에너지를 소비한다(Wong & Wong, 1998).

학생 및 학부모 또는 보호자와 함께 일할 때는 영향력 범위 내에서 활동한다. 영향력을 미칠 수 있는 곳을 파악하고 그곳에 에너지를 집중하도록 한다. 내가 진행하는 워크숍에서 학생에게 개인적인 관심을 가져주었던 교사 덕분에 오늘날 자신이 교육자가 되었다고 말하는 교사의 수는 셀 수 없을 학교 다닐 때 학생에게 개인적인 관심을 가졌다. 학생들과 함께 일할 수 있는 능력에 대해 낙관적으로 생각한다면 학생과 그 가족에게도 비슷한 영향을 미칠 수 있다.

03 실행 계획

이 장의 서두에서 나온 음악가 "Don't Worry, Be Happy"(Bobby McFerrin, 1988)에 대한 논의를 떠올려 보자. 바람직한 말이지만 말보다 실천이 더 쉬운 경우가 많다. 우리는 일어나지 않을지도 모르는 일에 대해서도 걱정하는 경향이 있다. 결국, 그것은 우리의 본성이다. 실행 계획페을 사용하여 비관적인 전망보다는 낙관적인 전망을 가지고 삶을 살아가도록 하자. 이 연습만으로도 큰 수확을 거둘수 있다.

| 더 낙관적이고 긍정적이 되기 위한 실행 계획

더 낙관적이고 긍정적인 사람이 되기 위한 계획은 무엇인가요?

권장 사항	현재 할 수 있는 것	노력해야 할 것
내 기분을 인식하고 모니터링합니다.		
멋진 일이 일어날 것으로 기대하세요.		
부정적인 생각을 긍정적인 생각으로 바꾸세요.		
긍정적인 결과를 시각화하세요.		
긍정적인 긍정의 말을 써보세요.		
개인적인 성공을 통해 자신감을 키우세요.		
비관적인 상황을 재구성하세요.		
집과 학교에서 내 영향력 범위 안에 머물러야 합니다.		
학생의 성공에 대한 높은 기대치를 유지합니다.		
학생들의 두뇌에 자신감을 심어주세요.		

목표 및 참고 사항

04

놀이(Game)

> ## 놀이
>
> 기분 전환 또는 오락을 위해 참여하는 활동

가수 Cyndi Lauper의 솔로 아티스트로서 첫 싱글인 "Girls Just Wantto Have Fun"(해저드, 1983)은 그녀를 유명하게 만들었고 1980년대를 대표하는 곡이 되었다. 팝 문화에 영향을 미치고 패션트렌드에 영감을 주며 여성 역량강화의 찬가가 되었다. 1984년 MTV Video Music Award에서 최우수 여성 비디오상을 수상한 이 노래의 뮤직비디오는 젊은 여성 그룹을 따라 간다.

마을에서 춤을 추는 모습(IMDb, nd). 이 비디오는 남녀노소, 사람들로 가득찬 파티에서 춤을 추는 여성들의 모습으로 끝난다. William Glasser(1999)에 따르면 재미는 동기 부여를 위한 다섯 가지 중요한 욕구 중 하나이다. 이러한 재미를 느끼는 가장 좋은 방법 중 하나가 바로 이 장에서 살펴볼 원리인 게임을 하는 것이다.

원리 4

놀이(Game)

01 건강한 교사

① 놀이(Game): 무엇을 해야 할까요?

아이들은 게임을 좋아한다. 우리 대부분은 〈Candy Land, Chutes and Ladders, Monopoly, and UNO〉(게임의 종류)를 즐기며 자랐다. 〈*Wheel of Fortune, Jeopardy!*〉, and 〈*Family Feud*〉와 같은 게임 쇼는 미국 텔레비전 역사상 가장 오래 지속된 쇼 중 하나이다.

나는 〈Scrabble〉을 하면서 자랐다. 아주 어렸을 때는 언니들의 도움을 받아 타일을 배치하곤 했다. 나이가 들면서 이 게임은 훨씬 더 의미 있는 놀이가 되었다. 나는 평생 〈Scrabble〉을 해왔다. 가족 모임이 있을 때마다 식탁에 둘러앉아 〈Scrabble〉 게임을 하며 시간을 보냈다.

시간이 흐르고 여행 일정이 길어지면서 직접 대면하여 게임을 할 수 있는 대안을 찾아야 했다. 그러던 중 〈Scrabble〉의 두 가지 다른 형태인 〈Scopely〉와 〈Words With Friends〉를 발견했고, 지금은 여동생 Eleanor와 함께 게임하고 있다. Eleanor는 나보다 더 길고 복잡한 단어를 만들기 때문에 최종 점수는 보통 나보다 높다. 언니가 자리를 비우면 나는 컴퓨터 게임인 〈Practice〉를 하는데, 이 게임은 플레이하는 사람의 실력에 맞춰져 있는 경향이 있다. 나는 보통 연습을 이길 수 있다. 하지만 여동생과 노는 것만큼 재미있지는 않다! 뇌는 도전을 좋아하고 Eleanor는 나에게 그 역할을 해준다. 비록 내가 질 확률이 높지만, Eleanor와 게임을 할 때는 항상 점수가 더 높고, 이길 때는 큰 성취감을 느낀다!

비디오 게임 개발자는 도전에 대한 두뇌의 욕구를 잘 알고 있다. 대부분의 비디오 게임은 성공 확률이 매우 높은 쉬운 수준에서 시작한다. 이는 플레이어의 자신감을 키워준다. 그런 다음 자신감이 생기면 게임의 난이도가 높아진다. 플레이어가 계속 플레이하는 이유는 무엇인가? 플레이어는 더 어려운 레벨에서 플레이해도 성공할 수 있다고 믿기 때문이다. 이것이 바로 비디오 게임의 인기이다.

나는 또한 〈Word Calm〉이라는 개별 게임을 한다. 차분한 음악을 들으면서 6~7개의 글자를 가져다가 십자말풀이와 비슷한 단어로 배열하면 코인을 얻을 수 있다. 나는 어려운 퍼즐을 풀기 위해 단서가 필요할 때 사용할 수 있는 코인을 얻는다는 개인적인 목표를 세웠다. 하지만 단서는 최후의 수단으로만 사용한다. 나는 도움 없이 퍼즐을 풀면서 두뇌에 도전한다. 〈Word Calm〉은 제 두뇌를 활발하게 유지시켜 준다.

어린 시절과 성인이 되는 사이 많은 사람들은 게임을 중단한다. 어린아이들이 좋아하는 단순한 것들이 노년층을 건강하게 유지하는 것과 같다는 사실을 꼭 기억해보자. 그중 하나가 바로 게임하기이다. George Bernard Shaw는 "나이가 들기 때문에 게임을 그만두는 것이 아니다. 놀기를 멈추기 때문에 늙는 것이다!"(BrainyQuote, nd)라고 했다.

② 뇌 연구가 말하는 것: 왜 해야 할까요?

Glasser(1999)에 따르면 사람들이 효과적으로 동기를 부여받기 위해서는 (1) 생존, (2) 소속감과 사랑, (3) 권력, (4) 자유, (5) 재미에 대한 욕구 등 다섯 가지 중요한 욕구가 충족되어야 한다고 한다. 재미에 대한 욕구는 게임 플레이를 통해 충족될 수 있는데, 이는 뇌의 기분 좋은 화학 물질 수준을 높이는 데 적합할 뿐만 아니라 적절한 양의 놀이는 작업 기억과 인지능력을 향상시킬 수 있다(Jensen, 2007). 다음에서는 비디오 게임, 두뇌 게임, 실내 및 실외 게임, 직장에서의 놀이 시간 등 네 가지 유형의 게임을 제안할 것이다.

(1) 비디오 게임하기

Kenneth Terrell(2019), (American Association of Retired Persons(AARP)) 설문조사에 따르면 50세 이상의 비디오 게임 플레이어 수가 2016년 4,020만 명에서 2019년 5,060만 명으로 증가했다고 한다(Kenneth Terrell, 2019). 이 조사에 따르면 노인들은 사회적으로 다른 사람들과 소통하고, 정신 건강을 유지하고, 스트레스를 줄이거나, 단순히 재미를 느끼기 위해 일주일에 약 5시간 정도 게임을 사용하는 것으로 나타났다. 가장 큰 폭으로 증가한 연령대는 50세에서 59세 사이였으며, 여성이 남성보다 게임을 더 자주 선택하는 것으로 나타났다. 가장 인기 있는 게임은 논리 게임과 퍼즐 게임이었으며, 타일과 카드 게임(도박 제외)이 근소한 차이로 2위를 차지했다.

노인 참가자를 대상으로 한 실험에 따르면 비디오 게임은 나이가 들면서 감소하는 경향이 있는 작업 기억, 주의력, 추상적 추론, 인지 유연성 등의 뇌 영역을 개선할 수 있는 것으로 나타났다(Basak, Boot, Voss, & Kramer, 2008). 신경과 전문의이자 교육자인 Judy Willis(Paturel, 2014)에 따르면 청소년의 경우 비디오 게임은 시각적 지각, 정보 처리, 한 작업에서 다른 작업으로 전환하는 능력을 향상시킬 수 있기 때문에 학습을 극대화하는 방식으로 뇌에 정보를 전달할 수 있다고 한다.

(2) 두뇌 게임

십자말풀이, Scrabble[1], 전통 게임인 chess, Sudoku, and bridge와 같은 두뇌 게임은 두뇌를 자극하는 게임이다. Harvard Men's Health Watch(2019)에 따르면, 일부 연구에 따르면 두뇌 게임이 치매 진행을 지연시키는 등 장기적인 이점을 제공할 수 있는 것으로 나타났다.

카드게임이나 보드게임을 하는 것은 정보 검색 능력을 향상시킬 뿐만 아니라 시퀀싱, 시각화 및 기억력과 같은 정신 능력을 향상시킬 수 있다(Harvard Health Publising, 2021.)

놀이를 하면 뇌의 전두엽과 변연계를 연결하는 특정 경로가 형성되기 때문에 몸과 마음이 완전히 통합됩니다.

Hannaford, 2005

---

(3) 실내 및 실외 게임

Rick Warren, Daniel Amen, and Mark Hyman(2020)의 베스트셀러 〈*The Daniel Plan: 40 Days to a Healthier Life*〉에 따르면 실내에서 활동적인 게임을 하는 것이 신체와 건강에 도움이 된다는 과학적 증거는 매우 많다: 〈더 건강한 삶을 위한 40일〉의 저자에 따르면, 실내외에서 활동적인 게임을 하는 것이 신체와 건강에 미치는 유익한 효과를 뒷받침하는 과학적 증거가 압도적으로 많이 있다. 이러한 혜택에는 다음이 포함된다(Warren 외., 2020):

---

1) 알파벳 철자를 보드 위에 올려서 단어를 만들고, 이에 따라서 맞는 점수를 얻어서 점수를 많이 모으면 승리하는 보드 게임.

- ▸ 폐활량, 혈류량 및 근육 긴장도 증가
- ▸ 문제 해결 및 듣기 능력 향상을 통한 두뇌 자극
- ▸ 나이와 관련된 기억력 감퇴 지연
- ▸ 우정과 사회적 관계 형성
- ▸ 당뇨병, 심장병, 암, 골다공증 위험 감소
- ▸ 면역력 강화
- ▸ 우울증 및 스트레스 수준 낮추기
- ▸ 더 나은 수면
- ▸ 에너지 증가

 활동적인 게임은 신체적 심장분만 아니라 정신적, 사회적, 영적 심장에도 유익합니다.

Warren et al., 2020

신체 활동 외에도 게임은 뇌가 인지 유지(*cognitive reserve*)를 키우는 데 도움이 될 수 있다. 인지 유지(*cognitive reserve*)은 두뇌에 저축해 두었다가 순발력이 필요할 때 사용할 수 있는 저축 계좌와 비슷하다.

(4) 직장에서 놀이 시간 가지기

고용주는 직장에서 놀이 시간을 예약하는 것만으로도 다음과 같은 이점이 있다는 사실을 알아야 합니다:

- ▸ 스트레스를 받으면서도 기능적으로 일할 수 있다.
- ▸ 팀워크를 장려할 수 있다.
- ▸ 소진 예방(Burn-out)하고 팀원들의 업무 능력을 향상시킬 수 있다.
- ▸ 혁신적인 방식으로 문제를 파악할 수 있도록 지원한다.
- ▸ 동기 부여와 창의력을 향상시킬 수 있도록 지원한다.

Robinson, Smith, Segal, & Shubin, 2021

Harvard Men's Health Watch(2019)에 따르면 참신함이 두뇌 발달의 핵심이다. 게임을 혼합하여 플레이하는 것이 좋다. 이미 Bridge나 십자말풀이에 능숙하다면 이러한 게임은 두뇌를 적절히 자극하지 못할 수 있다. 대신, 두뇌가 다르게 학습하고 더 열심히 일하도록 하는 다른 게임을 하는 것을 추천한다.

놀이는 스트레스 해소, 뇌 기능 향상, 창의력 증진, 관계 개선, 젊고 활기찬 기분을 느끼게 해주기 때문에 모든 연령대에 유익하다.

Robinson외., 2021

③ 실행 단계: 어떻게 해야 할까요?

전략 1 자녀와 함께 놀이 하기

자녀, 손자, 조카, 조카딸 또는 다른 젊은이들과 함께 게임을 하면 다른 관점에서 게임의 즐거움을 경험할 수 있다. Robinson과 동료 연구자(2021)는 휴대폰, 텔레비전, 컴퓨터의 방해 없이 자녀에게 온전히 집중할 수 있는 놀이 시간을 정할 것을 권장한다. 연령에 적합하고 안전한 게임을 선택하고 아이가 주도적으로 참여할 수 있도록 해보자. 아이가 아주 어리다면 바닥에 앉거나 무릎을 꿇고 아이 눈높이에 맞춰 놀아야 할 수 있다. 뇌는 반복을 통해 학습하기 때문에 같은 게임을 반복해서 플레이하는 것도 도움이 된다.

세 자녀가 어렸을 때 우리 집에서는 금요일 밤을 게임하는 날로 정했다. 예정된 모임이나 스포츠 활동이 없고 숙제는 주말까지 미룰 수 있는 유일한 날이다. 박사 학위를 받기 시작하면서 금요일 밤을 도서관에서 보내거나 논문을 쓰기 시작했고, 결국 게임의 밤은 사라졌다. 어느 날 아들 Chris가 "엄마, 왜 우리 이제 게임 안 해요?"라고 묻기 전까지는 무슨 일이 있었는지 깨닫지도 못했다. 그제서야 그 시간이 게임뿐만 아니라 가족 간의 관계 형성에 얼마나 중요한지 깨달았고, 게임 밤은 다시 돌아왔다!

전략 2 친구와 함께하는 게임의 밤 개최하기

여러분이 정말 좋아하는 게임(bridge, gin rummy, Spades, Mahjong, pool)을 찾아 친구나 친척들과 함께 모여 게임을 즐기며 즐거운 시간을 보낼 수 있는 밤을 정해보자. 그룹이 모일 수 있는 일관된 시간을 정하고 호스트 역할을 돌아가며 맡아보자. 이렇게 하면 바쁜 업무 중에도 그룹이 항상 즐거운 시간을 보낼 수 있다.

전략 3 활동적인 게임(Active Game) 참여하기

운동에 수반되는 육체적 노력을 두려워하지 말고 일상에 활동적인 게임을 추가해보자. 최소 일주일에 3~5일, 한 게임당 20~60분 동안 활동적인 게임에 참여하는 것이 좋다(Warren, 2020). Warren과 공동 저자(2020)는 배드민턴, 야구 또는 소프트볼, 농구, 볼링, 피구, 펜싱, 깃발 축구, Frisbee golf, 핸드볼, 훌라후프, 줄넘기, 스카이 콩콩, 라켓볼, 축구, 탁구, 태그, 테니스, 트램펄린, Ultimate Frisbee, 배구, Wii Fit 등의 활동적인 게임을 제안한다.

전략 4 스포츠 관람하기

게임을 직접 하는 것이 두뇌와 신체에 가장 좋지만, 게임을 보는 것도 좋다. 나는 열렬한 스포츠 팬이며 바쁜 일정에도 불구하고 수년 동안 많은 테니스 경기와 축구 및 야구 경기를 볼 시간을 꼭 갖는다. 코로나19 팬데믹이 발생하기 전에는 딸 Jennifer 및 Jennifer의 가족과 친밀한 가족 관계를 구축하는 방법은 Atlanta Falcons football games 또는 Atlanta Braves baseball games를 보러 가는 것이었다. 이러한 기억에 남는 경험은 우리 뇌에서 세로토닌(serotonin)을 생성하고 팀이 이기든 지든 우리를 하나로 만들어 주었다.

전략 5 반려동물과 함께 놀기

미국의 대다수 가정에서 반려동물을 한 마리 이상 키우고 있다(Centers for Disease Control and Prevention, 2019). 반려동물은 훌륭한 동반자가 될 수 있으며 건강상의 이점도 제공한다. 반려동물은 야외 활동, 운동, 사교 활동의 기회를 늘릴 수 있다. 반려동물과 꾸준히 산책하거나 놀아주면 콜레스테롤과 중성지방 수치는 물론 혈압도 낮출 수 있다. 반려동물과 함께 놀아주는 시간을 만들어보자. 반려동물과 놀아주는 것의 건강상 이점은 무궁무진하다(Centers for Disease Control and Prevention, 2019).

전략 6 비디오 게임 즐기기

비디오 게임은 청소년만을 위한 것이 아니다. 성인도 비디오 게임을 한다. Entertainment Software Association(ESA, 2020)의 연구에 따르면 미국 성인의 64%가 정기적으로 비디오 게임을 하며, 미국인의 평균 연령대는 다음과 같다.

게이머의 평균 연령은 35세~44세이다. 또한 ESA는 게이머의 6%가 65세 이상이라는 사실을 발견했다. 비디오 게임은 유익할 수 있다. 액션 비디오 게임은 눈과 손의 협응력, 공간 시각화 능력은 물론 앞서 언급한 연구 결과에 나온 뇌 기능의 다른 영역도 향상시킬 수 있다. 개인적으로 좋아하는 비디오 게임을 선택하여 정기적으로 참여해보자.

전략 7 새로운 단어 배우는 게임하기

매일 새로운 단어를 배우는 게임을 만들어 보자. 새로운 단어를 배우는 것은 세상에 대한 이해를 풍부하게 할 뿐만 아니라 뇌의 언어 중추와 전전두엽 피질도 향상시킨다 (Marchal, nd). 유익한 단어 게임의 예로는 십자말풀이, 낱말 맞추기, 어구전철(Anagrams)[2], Boggle[3], 그리고 Scrabble 등이 있다. 나 역시 친구와 함께 단어 찾기와 단어 차분하기 게임을 하면서 많은 새로운 단어를 익혔다. 친구, 가족, 룸메이트(roommate)와 함께 새로운 단어를 배우도록 도전해보자.

전략 8 퍼즐 맞추기

퍼즐의 종류에 따라 뇌의 각 부위가 다르게 운동한다. 십자말풀이는 언어와 기억력 영역에 도전하는 반면, 직소 퍼즐은 두정엽에 운동을 제공한다. 퍼즐 조각을 맞추는 것은 문제 해결 능력과 단기 기억력을 향상시킬 뿐만 아니라 생산성과 창의력을 높일 수 있다(Baylor College of Medicine, 2020).

---

2) 단어나 문장을 구성하고 있는 문자의 순서를 바꾸어 다른 단어나 문장을 만드는 것이다.
3) 플레이어가 정해진 시간 내에 글자가 적힌 주사위 그리드에서 최대한 많은 단어를 찾으려고 노력하는 단어 게임이다.

나는 미국 전역을 여행하며 교육자들과 함께 일하면서 많은 교실에서 가르치고 배우는 데 재미가 사라졌다는 사실을 깨닫게 되었다. 표준화된 시험과 책임에 대한 강조가 커지면서 많은 곳에서 학교는 더 이상 재미가 없어졌다. 코로나19 팬데믹 이전에는 학습 시간을 늘린다는 명목으로 일부 학교 시스템에서 학생들의 수업 시간에서 쉬는 시간을 없애기도 했다. 아이들에게 놀이가 주는 혜택이 상당하기 때문에 놀이를 없애는 것은 위험하다. 놀이를 통해 스트레스 수준은 감소하는 반면, 학습 동기는 일반적으로 증가한다. 또한 교사가 게임의 맥락에서 가르치거나 복습할 수 있는 콘텐츠의 양은 다양하다.

한 가지 아이디어는 공 던지기 게임을 사용하여 콘텐츠를 복습하는 것이다. "Worksheets Don't Grow Dendrites" 수업을 가르칠 때 나는 공 던지기 게임을 사용하여 두뇌 친화적인 교실의 특성을 복습한다. 게임 규칙은 다음과 같다: 각 협동 그룹에서 한 사람이 서서 게임에 참여한다. 그 사람은 공을 잡고 한 가지 특성을 말해야 한다. 그런 다음 서 있는 다른 사람에게 공을 던진 다음 앉아야 한다. 도전 과제는 다음과 같다.

근처에 서 있는 사람에게 공을 던질 수 없다. 반드시 멀리서 공을 던져야 한다. 게임의 또 다른 규칙은 누군가 공을 놓치면 이전에 앉아 있던 모든 사람이 다시 일어서서 게임을 처음부터 다시 시작한다는 것이다. 공을 놓치는 참가자가 많을수록 게임은 더 재미있고 도전적인 게임이 된다. 어떤 수업에서든 가장 많이 다시 시작한 횟수는 11번이다. 이 게임의 장점은 게임이 최종적으로끝났을 때 이 게임의 장점은 학생들이 노출되는 콘텐츠의 반복 횟수이다.

공 던지기 게임은 학생들이 안전한 환경에서 빠르게 생각하고 행동할 수 있을 뿐만 아니라 협동심, 신체적 움직임, 문제 해결 능력을 기를 수 있다.

Jensen, 2007

학생들에게 소프트볼이나 프리스비를 던져주고 질문에 대답하도록 유도하는 것만으로도 수업에 동기 부여 요소를 더할 수 있다. *Jeopardy!*는 훌륭한 복습 게임이 되고,

---

4) 《제퍼디!》(Jeopardy!)는 역사, 문학, 예술, 팝 문화, 과학, 스포츠, 지질학, 세계사 등의 주제를 다루는 미국의 텔레비전 퀴즈 쇼이다. 미국사람들이 재미로 많이 하는 퀴즈게임이기도 하다.

*Family Feud*⁵는 학급을 그룹으로 나누어 경쟁할 수 있다.

한 교사는 책상이 다섯 줄로 늘어선 교실을 빙고 판으로 바꿨다. 이 교사는 줄에 BINGO 대신 LEARN이라는 라벨을 붙였다. 따라서 첫 번째 줄 세 번째 좌석에 앉아 있으면 L3 좌석에 앉게 되었다. 교사는 강의실 앞쪽에서 각 좌석을 나타내는 칩으로 가득 찬 통을 돌렸다. 교사는 질문에 답할 학생이 필요하면 통에 손을 뻗어 칩을 꺼내 해당 학생을 불렀다.

비대면 수업이든 대면 수업이든 학생들의 두뇌를 자극하는 데 사용할 수 있는 게임을 찾아보자. 많은 학생들이 서로 협력하고 집중할 수 있는 친근한 게임은 경쟁에 동기를 부여받는다(Algozzine, Campbell, &Wang, 2009). 게임이 학생의 두뇌에 미치는 유익한 효과에 대한 연구와 교실에서 활용할 수 있는 15가지 이상의 추가 게임에 대한 자세한 내용은 Strategy 4: Games in *Worksheets Don't Grow Dendrites: 20 Instructional Strategies That Engage the Brain* (Tate, 2016)을 참조해보자.

03 실행 계획

이 장의 서두에서 Cyndi Lauper(1983)의 노래 "Girls Just Want to Have Fun"에 대해 언급한 것을 기억해보자. 사실 남녀노소 누구나 즐겁게 놀고 싶어 한다. 보드 게임에서 비디오 게임에 이르기까지 게임을 하면 우리 모두는 이득을 얻는다. 게임을 하는 동안 두뇌에 좋은 점은 많다. 다음 실행 계획을 참고하여 생활에 재미를 더할 수 있는 방법을 결정해보자.

---

5) 보드게임 중 설문조사 내용을 맞추는 게임이다.

| 놀이(Game)를 위한 실행 계획

더 낙관적이고 긍정적인 사람이 되기 위한 계획은 무엇인가요?

권장 사항	현재 할 수 있는 것	노력해야 할 것
아이들과 함께하는 놀이의 즐거움을 경험하세요.		
지속적으로 활동적인 게임에 참여합니다.		
친구 및 친척들과 함께 게임의 밤을 주최하세요.		
스포츠 이벤트에 참석해보세요.		
반려동물과 놀아주세요.		
비디오 게임을 시작하세요.		
어휘력을 높이는 단어 게임을 즐겨보세요.		
퍼즐을 맞춰보세요.		
공 던지기, 빙고와 같은 게임을 수업에 활용하여 학생들에게 동기 보여해보세요.		

목표 및 참고 사항

05
움직임(Movement)

" 움직임

움직이는 행위 또는 과정, 특히 장소나 위치 또는 자세의 변화

"

"힙합 듀오 아웃캐스트의 Big Boi(2003)가 녹음한 "The Way You Move"는 Billboard Hot 100 1위를 차지했으며 2004년 올해의 비디오 부문 BET Award를 수상했다(Billboard, n.d.; IMDb, n.d.). 이 노래는 2000년대 가장 성공한 노래 중 22번째로 10년간의 Billboard Hot 100 Songs로 선정되었다(Billboard, n.d.).

'즉시 알아볼 수 있는 노래'라는 단어를 14번 반복하는 매력적인 후렴구가 인상적인 곡이다. 이 노래는 2020년대에 다시 전파를 타고 있으며, 관절염 치료제로 치료받은 후 움직이도록 독려하는 광고에 악기 버전이 등장한다.

─◆─ 원리 5 ─◆─

움직임(Movement)

01 건강한 교사

(1) 움직임(Movement): 무엇을 해야 할까요?

2014년 남편 Tyrone의 신장이 망가져 이식이 필요하다는 소식을 들었다. 다행히도 큰 딸인 Jennifer는 아버지와 완벽하게 일치하는 신장을 가지고 있어 수술을 할 수 있었다. Tyrone의 담당 의사가 우리에게 알려준 수술 후 가장 중요한 지침 중 하나는 회복 기간과 그 이후에 Tyrone이 움직이고, 걷고, 운동할 수 있도록 하라는 것이었다. 몇 년이 지난 지금도 Tyrone의 의사는 진료할 때마다 Tyrone에게 운동하기를 권한다. 나는 건강과 운동의 상관관계에 대해 알고 있었지만, 수술 후 학회와 그 이후의 진료 과정에서 운동이 뇌와 신체에 미치는 긍정적인 힘을 진정으로 이해하게 되었다.

*American Journal of Public Health*에 따르면 캐나다, 호주, 미국의 연구자들은 하루에 8시간 이상 앉아 있으면 조기 사망과 특정 만성 질환의 위험이 높아진다는 사실을 발견했다(ScienceDaily, 2018). 업무 중 서서 일할 수 있도록 책상의 평평한 표면을 높여 움직임을 장려하는 VariDesks 및 VersaDesks와 같은 새로운 기기가 등장했으며, 비즈니스 리더들은 이제 운동을 업무의 필수적인 부분으로 만드는 방법을 고민하고 있다. 교사는 다른 많은 직종에 종사하는 사람들보다 더 많이 움직여야 한다. 사실 나는 "*Teach on your feet, not in a seat.*"는 좌우명를 만들었다. 하지만 교사가 교실을 돌아다니면서 하는 움직임만으로는 중요한 근육을 단련하고 두뇌와 신체를 연결하는 데 충분하지 않을 수 있다.

나의 워크숍에 참석했던 두 명의 강사가 들려준 움직임에 관한 두 가지 이야기를 공유하겠다. 한 분은 알츠하이머병을 앓고 있는 어머니가 더 이상 자녀나 손자를 알아보지 못하지만, 피아니스트인 어머니는 여전히 피아노 앞에 가서 예전에 연주했던 곡들을 모두 연주할 수 있다고 말했다.

두 번째 교사는 할머니가 임종을 앞두고 병원에 입원했을 때의 이야기를 들려주었다. 가족들이 할머니의 병상에 둘러앉아 마지막 작별 인사를 나누었다. 할머니는 평생 뜨개질을 하셨고 가족을 위해 아름다운 모자, 스웨터, 목도리, 담요를 많이 만들어 주셨다. 할머니는 의식을 잃은 채 병원 침대에 누워 있었지만 여전히 뜨개질을 하고 있었다. 할머니의 손에는 바늘과 실이 없었지만 여전히 뜨개질하는 손놀림은 계속되고 있었다.

이 두 가지 이야기는 한 가지 관점으로 이어진다: 장기 기억, 즉 절차적 기억에 포함된 기억은 우리에게 더 오래 남는 것처럼 보이는 기억이다. 왜 그럴까? 그 기억 체계에 들어오는 방식이 움직임을 통해서이기 때문이다.

② 뇌 연구가 말하는 것: 왜 해야 할까요?

그렇다면 운동과 움직임이 장수에 미치는 긍정적인 영향은 무엇일까? 우리는 움직이도록 설계되었다. 실제로 분자생물학자 John Medina(2014)는 베스트셀러인 『*Brain Rules*』에서 "성공적인 노화를 예측하는 가장 큰 요인 중 하나는 앉아서 생활하는 습관의 유무"라고 말한다(23쪽). Medina(2014)에 따르면 활동적인 라이프스타일은 9번 타자에 도달할 확률을 높인다고 한다. 교육 신경과학 분야의 국제 컨설턴트인 David Sousa(2012)는 인간은 정신적, 육체적으로 끊임없이 움직이도록 설계되었으며, 진화를 통해 이를 가능하게 하는 부속기관과 대뇌 네트워크를 갖추게 되었다고 말한다(Sousa, 2012).

운동 성향이 없으면 무기력증과 인지적, 심리적, 신체적 기능의 저하가 나타날 수 있습니다.

Sousa, 2012

영화 Medina(2014)는 어느 날 텔레비전에서 휠체어에 의지한 80대 노인들이 어두운 요양원 복도에 늘어선 다큐멘터리를 본 이야기를 떠올리게 한다. 많은 사람들이 공허한 눈빛으로 외로워 보이거나 우울해 보였고, 앉아서 죽음을 기다리는 것처럼 보였다. Medina는 그들의 뇌가 눈앞에서 시들어가는 것처럼 보였다고 말했다. 그런 다음 그는 저널리스트 Mike Wallace(1957), 당시 80대 후반이었던 건축가 Frank Lloyd Wright와 인터뷰하는 채널로 채널을 바꿨다. 인터뷰에서 Wright는 그의 명료한 사고와 비전, 틀에서 벗어난 사고 능력을 보여주었다. Medina는 Wright가 구겐하임 미술관의 설계를 아흔 살의 나이에 완성했다는 사실에 놀라지 않았다.

움직임이나 운동은 수명을 연장하는 데 필수적일 뿐만 아니라 우리가 살아가는 동안 정신적 능숙함을 촉진하는 데도 도움이 된다. 실제로 소뇌를 더 많이 연구할수록 연구자들은 움직임이 학습 및 기억과 필연적으로 연관되어 있다는 사실을 깨닫게 된다(Sousa, 2017).

걷기, 운전, 골프, 신발 끈 묶기 등 학습된 운동 기술의 관통력만 조정하는 것으로 여겨졌던 소뇌의 신경 섬유는 뇌의 다른 영역과도 소통한다(Sousa,2017). 연구에 따르면 소뇌는 전두엽의 인지 기능뿐만 아니라 주의력, 사회적 상호 작용, 장기기억에도 중요한 역할을 하며, 다음과 같은 영역에서도 중요한 역할을 하는 것으로 나타났다. 특히 학습과 관련이 있다고 한다(Sousa, 2017; Van Overwalle & Mariën, 2016).

뇌 연구자이자 컨설턴트인 Eric Jensen(2008)에 따르면, 뇌의 100%를 사용하는 인지 활동은 아마도 신체 활동뿐일 것이다.

신체 활동은 혈류를 증가시키고 열심히 일하는 뇌 세포에 영양분과 산소를 공급합니다.

Sousa, 2012

운동은 뇌 모세혈관의 수를 늘리고 혈액 내 산소량을 증가시켜 혈액 수송을 촉진한다. 이러한 산소 증가는 인지능력을 크게 향상시킨다.

"장기 기억력, 추론, 주의력, 문제 해결력, 심지어 유동적 지능 과제까지 측정하는 테스트에서 운동하는 사람은 소파에 앉아 있는 사람보다 더 나은 성과를 낸다."(Medina, 2008, 14쪽). 이러한 과제를 수행하려면 추상적으로 생각하고 빠르게 추론해야 하며 새로운 문제를 해결하기 위해 이전에 학습한 자료를 사용해야 한다.

그렇기 때문에 담임 교사는 학생들이 시험뿐만 아니라 일반적인 학습에 대한 내용을 기억할 수 있도록 운동과 커리큘럼을 연계하는 방법을 통합해야 한다. 그렇다면 왜 학교에서는 학업 성취도를 높이기 위해 쉬는 시간과 체육 수업을 없애는 것일까? 이 그림에 어떤 문제가 있을까?

Jeff Hayward(2020)는 "걷기의 이점으로 땅을 덮다"라는 글에서 걷기라는 간단한 행위가 더 건강한 삶으로 이어질 수 있는 7가지 이유를 다음과 같이 설명한다.

1. 심혈관 질환 발병 가능성 감소
2. 제2형 당뇨병 및 특정 형태의 암과 같은 다른 만성 질환 발병 가능성 감소
3. 세로토닌 증가로 인한 불안 조절 및 기분 개선
4. 체중 감량(걷기 습관을 들이면 일주일에 약 450g을 감량할 수 있다.)
5. 관절에 활동하지 않을 때 공급되지 않는 산소와 영양분을 공급
6. 야외 산책으로 뇌에 산소와 신선한 공기를 공급
7. 두뇌의 창의력 향상

Sousa(2011)는 움직임을 조정하는 소뇌, 중뇌, 운동 피질이 생각의 흐름도 조정하기 때문에 복잡한 문제는 걷는 것만으로도 해결할 수 있는 경우가 많다고 말한다.

③ 실행 단계: 어떻게 해야 할까요?

이 시대에는 인간이 앉아서 생활하고 있다. 내가 어렸을 때 아버지는 거실 벽난로에 불을 피우려면 길 건너 공터로 가서 나무와 나뭇가지를 베어 모아 가파른 진입로를 따라 우리 집까지 가져와야 했다. 이제 서재 벽난로에 불을 피우려면 스위치만 돌리기만 하면 된다. 예전에는 많은 노력이 필요했던 일이 이제는 너무나 쉽게 이루어진다. 우리가 원하는 모든 것이 손끝에 있다. 좌식 생활의 위험을 피하려면 일상생활에서 몸을 움직일 수 있는 방법을 찾아야 한다.

교장과 요리사인 딸은 모두 자신의 직업에서 채용을 담당하고 있다. 두 사람 모두 자신들이 면접하는 많은 예비 직원들의 직업 윤리의식 부족에 대해 불평한다. 그 이유 중 하나는 오늘날 많은 작업을 쉽게 완료할 수 있기 때문이라고 생각한다. 젊은이들이 많은 에너지를 소비해야 하거나 정신적으로 힘든 일을 완수하는 데 익숙하지 않다.

일상적인 업무에 움직임이나 운동을 추가할 수 있는 방법을 찾아보자. 엘리베이터나 에스컬레이터 대신 계단을 이용하자. 쇼핑몰이나 상점의 정문에서 멀리 떨어진 곳에 주차하고 걷기, 집 청소를 다른 사람에게 맡기지 않고 직접 한다. 밖에 나가서 실제로 자녀 및 손자들과 함께 뛰고, 점프하고, 놀아주자. 매일 움직임을 추가하여 삶에 몇 년을 더할 수 있는 구체적인 방법을 생각해 보자.

사람들은 "운동"이라는 단어를 들으면 대부분 체육관에서 수없이 많은 시간을 보내거나 하나 이상의 스포츠에 격렬하게 참여하는 것을 상상한다. 그러나 걷기와 같은 규칙적인 운동의 이점은 성인의 40%가 이러한 형태의 운동에 전혀 참여하지 않더라도 큰 효과를 볼 수 있다(Rettner, 2017). 안타깝게도 우리가 기술을 사용하는 시간이 길어짐에 따라 이 비율은 줄어들지 않고 오히려 증가하고 있다.

걷기는 우리가 참여할 수 있는 가장 자연스러운 신체 활동이다. 걷기는 쉽게 접근할 수 있고, 능력만 있다면 누구나 항상 쉽게 할 수 있다. 또한 다른 형태의 신체 활동보다 신체에 스트레스를 덜 준다.

> 여러 연구에 따르면 걷기는 남성과 여성 모두에서 심혈관 질환 발생 위험을 31%, 심장 질환으로 인한 사망 위험을 32% 감소시키는 것으로 나타났다.
>
> Harvard Men's Health Watch, 2020

그렇다면 얼마나 많이 걸어야 할까? Harvard Men's Health Watch(2020)에 따르면 건강을 유지하려면 거의 매일 30~45분 정도 걸어야 한다고 한다. 한꺼번에 걸을 수도 있고 5~10분씩 나눠서 걸을 수도 있다. 시속 5~6km의 빠른 걷기를 목표로 해야 하지만, 꾸준히 걷는다면 느린 속도로 걷는 것도 도움이 될 수 있다(Harvard Men's Health Watch (2020))

걷기는 내가 충분히 실천할 수 있다고 느끼는 운동 중 하나이다. 코로나19 팬데믹 기간 중에도 딸인 Jessica와 나는 손주들을 유모차에 태우고 매주 최소 3~5회 이상 걸으며 이야기를 나누고 있다. 개인적으로 걷기를 통해 자세가 개선되고 왼쪽 엉덩이의 관절염 통증이 완화되었으며 체중이 일정하게 유지되는 등 여러 가지 이점을 경험했다.

나는 항상 행정 비서인 Carol과 그녀의 남편인 Don의 걷는 습관 형성에 감탄해 왔다. 두 사람은 40년 넘게 함께 걸어왔다. 과거에는 하루에 8km을 걷는 데 익숙했다. 현재는 돈의 건강 문제가 일부 있지만, 79세와 83세의 나이에도 여전히 하루에 3~4km 또는 격일로 걷고 있다.

전략 2 달리기

걷기와 마찬가지로 규칙적인 달리기나 조깅(jogging)은 뼈를 튼튼하게 하고, 근육을 강화하며, 많은 킬로줄(영양 칼로리)을 소모하고, 심혈관 건강을 개선하고, 건강한 체중을 유지하는 데 도움이 되는 건강상의 이점이 있다(Better Health, nd).

전략 3 운동하기

〈M. *Wellness in Mind*〉의 저자이자 BodyFacts *Wellness* 서비스의 창립자인 Andrew Garrison and Sally K. Severino(2016)는 운동의 4가지 주요 구성 요소를 다음과 같이 설명한다.

근지구력: 근지구력은 근육이 장시간 동안 지속적으로 수행할 수 있는 능력이다. 다음과 같이 근력의 경우, 운동할 때는 Free weight, 기구, 또는 맨손 체조를 사용하여 모든 근육을 포함한다. 12회 반복이 쉬워질 때까지 서서히 반복 횟수를 늘린다. 그런 다음 무게를 늘릴 수 있다.

심폐 건강: "유산소 운동은 주요 근육군을 사용하는 율동적(rhythmic)이고 지속적이며 반복적인 움직임으로 구성된다."(20쪽). 유산소 운동은 신체가 활동하는 근육에 산소를 공급하고 심혈관 건강을 향상시킨다. 산소가 부족한 근육은 쉽게 피곤해지고 부상이나 질병에 취약해질 수 있다.

근력: 근력의 또 다른 이름은 절대 근력이다. Free weight, 기구, 또는 맨손 체조는 근력을 유지하거나 증가시킬 수 있다. 모든 주요 근육(팔, 다리, 가슴, 등, 배, 엉덩이)을 강화해야 한다. American Council on Exercise(ACE)는 다루기 편한 무게의 웨이트를 8회 반복하는 것으로 시작하여 쉬워지면 무게나 반복 횟수(8~12회 세트)를 늘릴 것을 권장한다(Garrison & Severino, 2016).

유연성: 두 가지 형태의 스트레칭을 통해 유연성을 유지한다. 두 가지 형태 모두 편안하고 통증이 없어야 한다. 동적 스트레칭은 워밍업 전 활동으로 휴식에서 활동으로 신체 부위를 움직이는 것을 포함한다. 또는 정적 스트레칭을 할 때는 심호흡을 하면서 스트레칭을 하는 근육 중 가장 먼 곳부터 천천히 20 ~30초간 유지해야 한다.

결합을 의미하는 요가는 신체 자세, 명상, 호흡 조절을 통합하는 수련법이다. 요가는 5,000년 이상 이어져 온 고대 힌두교의 의식이다(Yoga, 2018). 다양한 유형의 수련법이 있지만, 호흡 운동, 간단한 명상, 다양한 근육을 구부리고 스트레칭하는 자세와 동작은 모두 일관되게 해야 한다.

요가는 운동뿐만 아니라 영성에도 분명한 이점이 있다. 이러한 이점 중 일부는 다음과 같다:

1. 다양한 자세를 유지하는 데 필요한 제어력을 관리함으로써 코어, 팔, 등, 다리의 근육 강화
2. 근육이 늘어나고 늘어나면서 유연성 향상
3. 수치가 낮으면 피로와 산소 부족을 유발할 수 있는 코르티솔 호르몬 수치 증가
4. 호흡 연습으로 인한 호흡기 체력 강화
5. 충격이 적은 요가와 균형 잡힌 식단의 조합으로 인한 체중 감소
6. 호흡법, 근육 타겟팅 운동, 자세 조절로 인한 심혈관계 혜택
7. 부상 가능성 감소 및 다른 훈련으로 다치지 않은 신체 부위 운동
8. 명상과 호흡법으로 인한 스트레스 수준 관리기술 개발(Charmaine, 2018)

요가에 대한 나의 개인적인 경험은 몇 년 전 어느 날 오후로 한정되어 있지만 결코 잊지 못할 것이다. 나는 Saint Benedict at Auburndale High School in Cordova, Tennessee, 선생님들을 관찰하면서 수업 시간 동안 여러 교실에서 두뇌에 적합한 전략을 사용하는 방법을 찾고 있었다. 훌륭하고 매력적인 수업을 많이 보았다. 또한 교사의 건강을 중시하는 학교의 모습에 깊은 인상을 받아 교직원들과 함께 방과 후 요가 수업에 참여하도록 초대받았다. 요가 선생님은 매우 능숙했지만, 나는 성취도가 높은 학생들 사이에서 보충 수업을 받는다는 것이 어떤 것인지 직접 배웠다. 나는 그 동작을 해내는 데 필요한 근력과 유연성의 양에 대해 새롭게 인식하고 고대 힌두교 의식의 많은 이점을 깨달은 채 그 수업을 떠났다.

Warren과 동료들(2020)은 운동을 두려워하기보다는 유산소 활동을 생활의 필수적인 부분으로 만들 것을 제안한다. 여기에는 백패킹, 자전거 타기, 춤, 승마, 홀라후프, 줄넘기, 등산, 롤러 또는 아이스 스케이트, 롤러블레이드, 조정, 스케이트보드, 스키, 서핑, 수영, 태그, 트램펄린 점프, 줌바 등이 포함될 수 있다. 운동을 포함한 더 많은 재미있는 활동은 **4장: 놀이(Games)**를 참조하자.

02 행복한 교실

"**Worksheets Don't Grow Dendrites**"라는 제목의 수업에서는 학생들이 학습하는 동안 움직이게 해야 할 필요성에 대해 이야기한다. 한 수업에서 한 선생님이 다음과 같은 아이러니한 일화를 들려주었다: 우리는 아이들의 생애 첫 3년 동안은 걷고 말하는 법을 가르치고, 그다음 15년 동안은 앉아서 조용히 있으라고 말한다!

학교 교육의 목표가 학생들이 직업 세계에서 성공할 수 있도록 준비시키는 것이라면, 학교 수업 중에 더 많은 움직임을 장려하지 않는 이유는 무엇일까? 유치원 수준에서는 자연스러운 움직임이 학년이 올라갈수록 줄어들고, 고등학교에 진학할 즈음에는 수업을 옮겨 다닐 때만 움직일 수 있다. Sousa(2011)에 따르면 학생들이 20분 이상 앉아 있으면 신체의 두 부분, 즉 좌석과 발에 혈액이 고인다고 한다. 일어나서 움직이면 1분 이내에 혈액이 재순환되고 재순환된 혈액의 15%가 뇌로 이동한다. 그러면 학생들은 더 주의력이 높아지고 사고력이 향상된다.

학생들의 움직임을 장려하기 위해 유연한 대체 좌석 형태를 고려하도록 한다. 여기에는 테이블과 의자, 스툴, 운동 공, 소파, 빈백 의자, 스탠딩 데스크 또는 클립보드를 사용하여 바닥에서 작업하는 것 등이 포함될 수 있다. 학생들에게 선호하는 좌석 형태를 선택할 수 있는 기회를 주고, 학생들이 두 가지 이상의 형태를 경험할 수 있도록 교대로 배치한다.

수업에 움직임을 통합하는 방법을 생각해 보자. 학생들이 답에 동의하면 일어서고, 동의하지 않으면 계속 앉아 있으라고 말하는 것처럼 간단할 수 있다. 교실에서 멀리 떨어져 앉은 다른 학생들과 약속을 잡게 하자. 그런 다음 적절한 시간이 되면 학생들이 일어서서 교사가 가르친 내용을 토론하거나 복습하는 동안 약속을 지키도록 한다.

일부 교사는 학생들이 움직임의 즐거움을 경험할 수 있도록 두뇌 휴식을 취한다. 이것은 가치 있는 활동이다. 그러나 움직임이 가르치는 개념과 관련이 있다면 두 가지 이점이 있다. 학생들은 활동적이면서 학습하는 내용이 절차적 기억, 즉 근육 기억으로 남을 가능성을 높일 수 있다. 콘텐츠와 관련된 움직임에는 화이트 보드에서 수학 문제를 풀거나, 시간표를 만들거나, 어휘 단어의 정의를 역할극으로 표현하는 등의 활동이 포함될 수 있다. 이 원리를 수업에 통합하는 추가 방법은 *Worksheets Don't Grow Dendrites: 20 Instructional Strategies That Engage the Brain* (Tate, 2016), **전략 10: 움직임(Movement)**을 참조하도록 하자.

03 실행 계획

이 장의 서두에서 힙합 듀오 OutKast의 Big Boi(2003)가 녹음한 **"The Way You Move"**에 대해 설명한 것을 기억해 보아라. 이 노래를 들으면 음악에 맞춰 움직이고 싶지 않을 수 없다. 실제로 분당 110~160 비트의 음악은 발을 움직이고, 팔을 휘두르고, 손가락을 움직이게 만든다. 실행 계획을 사용하여 일상생활에 움직임을 접목할 수 있는 구체적인 추가 방법을 설명해보자.

| 움직임을 위한 실행 계획

일상 생활에 더 많은 움직임을 통합하기 위해 어떤 계획을 세우고 있나요?

권장 사항	현재 할 수 있는 것	노력해야 할 것
일상에 움직임을 더할 수 있는 방법을 찾아보세요.		
매일 시속 10-14km의 속도로 35~40분 걷기 운동을 하세요.		
달리기 또는 조깅 계획을 정합니다.		
매일 주요 근육을 운동하세요.		
요가 연습하세요.		
유산소 활동을 생활화하세요.		
학생의 움직임을 수업에 활용합니다.		
학생이 수업에서 유연한 좌석을 사용할 수 있도록 허용합니다.		

목표 및 참고 사항

06

음악

> # 음악
>
> 목소리로 부르거나 악기로 연주하는 소리

Doobie Brothers의 첫 히트곡인 "Listen to the Music"은 밴드의 리드 보컬이 작곡했다. 보컬리스트 Tom Johnston(1972). 이 가사는 화창한 날, 세계 지도자들이 모두 한 자리에 앉을 수 있다면 잔디밭에 앉아 음악을 들으면 사람들이 공통점이 없는 것보다 공통점이 더 많다는 것을 깨닫게 된다는 것이다(Mastropolo, 2012).

음악이 모든 것을 개선할 수 있다고 믿었다. 나는 진정으로 또한 그렇게 믿는다. 실제로 마음/뇌 운동의 선두주자인 Eric Jensen(2005)에 따르면 음악은 문화, 종교, 인종, 지리적 차이, 사회경제적 지위 사이의 장벽을 허물 수 있기 때문에 음악 예술은 모든 사람을 참여시킬 수 있는 능력을 가지고 있다고 한다. 음악은 장수를 위한 여섯 번째 원리이다.

원리6

음악

01 건강한 교사

(1) 음악: 무엇을 해야 할까요?

잠시 눈을 감고 음악이 없는 세상을 상상해보자. 음악은 대부분의 사람들에게 일상 생활에서 큰 부분을 차지한다. 음악은 우리를 삶의 의미 있는 순간과 사건에 연결해 준다. 음악은 추억을 불러일으킨다. 음악은 개인의 스타일과 취향을 나타낸다. 음악은 축하와 애도의 일부이다. 그리고 중요한 것은 음악이 우리의 두뇌와 학습에 큰 영향을 미친다는 점이다. 우리 중 많은 사람들이 스스로 음악적이라고 표현하든 그렇지 않든 어릴 때부터 음악을 경험한다.

초등학교 시절 음악 선생님인 Theodora James께서 다양한 장르의 음악을 소개해 주었다. 지금까지도 내가 R&B나 클래식 음악을 좋아하는 이유가 바로 그 선생님 덕분이다. 초등학교와 고등학교 시절 합창단에서 노래를 부르고 수년간 피아노 레슨을 받았지만 음악이 두뇌에 얼마나 큰 영향을 미치는지 몰랐다. 초등학교 합창단에서도 3부 화음으로 노래해야 했는데, 실제로 그렇게 했었다!

두뇌 기반 교육 및 학습의 권위자인 Eric Jensen(2008, 2019)의 연구를 접한 것이 내 워크숍에 음악을 접목하게 된 계기가 되었다. 나는 25년 전부터 음악으로 성인 학습자의 두뇌를 변화시키기 시작했다. 그 결과는 상당했다. 비대면으로 제 워크숍에 참여했던 교육자들은 음악이 두뇌에 미치는 영향에 대해 자주 언급한다. 교육자들이 아침에 워크숍에 들어오면 보통 클래식 피아노로 연주되는 대부분의 사람들이 아는 곡이 연주된다. 음악은 마음을 안정시키고 두뇌가 학습할 수 있도록 준비시켜 준다. 점심 식사 후에는 보통 에너지 레벨이 떨어지기 때문에 오후에는 좀 더 에너지가 높은 음악을 틀어놓는다. Kool and the Gang의 노래 "Celebration"에 맞춰 좌우로 움직이며 새로운 학습을 축하할 때면 하루가 끝날 때까지 에너지 레벨이 높게 유지된다. 심지어 선생님들로부터 플레이리스트가 마음에 든다는 말을 듣기도 했었다.

내가 가장 좋아하는 컨트리 가수 중 한 명인 Glen Campbell은 말년에 알츠하이머 병을 앓았다. 내가 가장 좋아하는 Campbell의 노래는 언제나 "**Wichita Lineman**"이다. 2011년, 그는 고별 투어인 **Ghost on the Canvas**를 시작했다. 그의 가족은 그와 함께 여행하며 그가 노래 가사를 잊어버렸을 때 도움을 주곤 했다. Glen의 아내 Kimberly는 Glen의 음악이 아니었다면 그의 뇌는 훨씬 더 빨리 쇠퇴했을 것이라고 말했다.

> 음악은 심박수, 혈압, 호흡, 통증 역치(pain threshold) 및 근육 움직임을 변화시켜 뇌에 지적, 정서적으로 영향을 미칠 수 있다.
>
> Sousa, 2017

② 뇌 연구가 말하는 것: 왜 해야 할까요?

Jensen(2008)에 따르면 음악이 심신에 미치는 강력한 효과는 다음과 같다:

1. 분자 및 근육 에너지 증가
2. 심장 박동 감소
3. 변화된 신진대사 상태
4. 스트레스와 통증 감소
5. 수술 환자의 치유 및 회복 속도 향상
6. 피로 완화
7. 신체가 감정을 방출하도록 도움
8. 감수성, 사고력, 창의력 자극
9. 피질에서 뇌 세포 간의 연결을 구축하고 강화의 도움

바로크 음악은 진정과 진정에 도움이 되는 것으로 알려져 있으며 팝 음악은 엔도르핀 수치를 높이고 집중력을 높일 수 있다(Gregory & Chapman, 2013). 분당 40~45박자의 차분한 음악은 긴장을 완화하는 데 도움이 되고, 분당 100~140박자의 빠른 음악은 활력을 불어넣을 수 있다(Jensen, 2005).

(1) 음악과 수학

수학은 음악과 가장 밀접하게 연관된 콘텐츠 영역인 것으로 나타났다.

왜 그럴까? Sousa(2017)에 따르면 음악은 수학과 마찬가지로 다음과 같은 요소에 의존한다:

1. 템포용 분수
2. 음표, 코드 및 건반 변경을 위한 패턴
3. 박자, 쉬는 박자, 홀딩 노트 세기
4. 음표와 코드의 손가락 위치를 기억하기 위한 기하학적 구조
5. 노트 보유를 위한 비율, 비율 및 등가 분수
6. 배열 또는 간격

(2) 음악과 기억

Jensen(2005)에 따르면 사람들은 음악의 패턴, 대비, 리듬을 통해 뇌가 새로운 정보를 암호화할 수 있기 때문에 새로운 노래의 가사를 쉽게 배울 수 있다고 한다. 뇌의 피질하 영역과 신체의 변연계는 정서적, 음악적 반응을 유도하고 장기 기억을 매개하는 데 관여하므로 정보가 음악과 결합되면 정보가 부호화될 가능성이 더 커진다(Jensen, 2008). 이 모든 사실은 뇌가 평생동안 음악의 유익한 효과를 계속 누릴 수 있다면 삶의 질이 향상된다는 한 가지 사실을 가리킨다.

(3) 음악 교육

수동적으로 음악을 듣는 것은 치료 및 교육적 이점이 있지만, 사람들이 음악을 만들 때 더 유리한 것으로 보인다(Sousa, 2017).

어렸을 때부터 악기 연주를 배우면 치매로부터 뇌를 보호할 수 있다.

Rampton, 2017

수많은 연구에 따르면 음악 훈련은 뇌의 좌측 측두엽이 구두로 학습한 내용을 처리하는 능력을 향상시킨다고 한다(Sousa, 2017). 이러한 기억력 향상 효과는 지속되는 것으로 보인다. 또 다른 연구에 따르면 음악가들은 음운, 시각, 실행 기억력 테스트에서 비음악가들보다 더 뛰어난 결과를 보였다(George & Coch, 2011).

악기 연주를 배우는 것은 뇌에 새로운 도전을 제공한다. 뇌는 다양한 그룹과 패턴을 식별할 뿐만 아니라 새로운 운동 기술을 배우고 조정해야 한다. 이러한 새로운 학습은 운동 피질, 청각 피질, 소뇌 및 뇌량과 같은 뇌 구조에 영구적인 변화를 일으키는 것으로 보인다. 이러한 구조는 비음악가보다 음악가에게 더 큰 것으로 보인다(Schlaug, 2015).

음악 훈련은 정보 처리 및 유지, 의사 결정, 행동 조절, 학습 능력 향상과 같은 뇌의 실행 기능을 강화합니다.

Rampton, 2017

풍부하고 복잡한 경험인 악기 연주는 다음과 같은 방식으로 성인의 뇌에 유익하다 (Rampton, 2017).

1. 언어 기억력, 공간 추론 및 문해력 향상
2. 노화와 관련된 청력 감퇴에 대한 회복력 향상
3. 장기 기억력 향상 가능
4. 정신적 주의력 향상
5. 청각, 촉각 및 청각 촉각 반응 시간 개선
6. 뇌의 좌반구로 가는 혈류량 증가
7. 우울증과 불안감 감소
8. 다중 감각 정보(시각, 청각, 촉각, 미세한 움직임 등) 통합

어릴 때 4~14년 동안 음악 훈련을 받은 노인은 40년 동안 악기를 연주한 적이 없더라도 그렇지 않은 노인보다 말소리를 더 빨리 처리할 수 있는 것으로 나타났다(Bhanoo, 2013).

③ 실행 단계: 어떻게 해야 할까요?

전략 1 평소에 차분한 음악 듣기

나는 토요일에 Baltimore, Maryland에서 관리자들을 대상으로 발표를 하고 있었다. 우리는 차분한 음악이 뇌에 미치는 심오한 영향에 대해 논의하고 있었다. 워크숍에 참석한 한 교장의 남편은 경찰서장이었다. 그는 다음과 같은 이야기를 학생들과 공유했다. Baltimore 시내에 있는 한 이발소의 이발사들이 경찰서에 가게 밖에 자리를 잡은 마약상들을 쫓아내달라고 호소했다. 이발사들은 고객들이 머리를 자르기 위해 마약상 앞을 지나가는 것을 원치 않기 때문에 가게 문을 닫아야 할지도 모른다고 말했다. 음악의 힘을 깨달은 경찰서장은 이발소에서 인도에서도 들릴 정도로 큰 클래식 음악을 틀어주기로 결정했다. 이틀 만에 마약상들은 사라졌다. 그들은 클래식 음악이 그들의 뇌에 미치는 진정 효과에 감사하였다. 경찰서장은 나에게 *Stop, or I'll Shoot!* 라는 제목 대신 *Stop, or I'll Play Vivaldi!* 라는 제목으로 책을 쓸 것이라고 말했다.

특정 유형의 음악은 뇌를 진정시키는 효과가 있다. 클래식(특히 바로크시대의 음악), 뉴에이지, 느린 켈트 음악, 아메리카 원주민 음악, 부드러운 재즈 등이 여기에 해당한다. 선호하는 장르를 찾아서 그 음악으로 자신을 둘러싸자. 집이나 차 안에서 재생해보자. Alexa나 Siri에게 영감을 주는 음악을 재생해 달라고 요청할 수도 있다. 내가 가장 좋아하는 음악은 클래식 피아니스트 "Emile Pandolfi"의 음악이다.

나는 교사들이 비대면 또는 대면 워크숍을 시작하기 위해 기다리는 동안 *Request and Days of Wine and Roses*의 노래를 틀어준다. 아이들의 두뇌를 학습하기에 좋은 상태로 만들어 준다.

전략 2 고에너지 음악 즐기기

<*Rocky*>의 테마곡이나 "Happy"와 같이 빠른 템포의 노래가 재생되면 손가락이 튀어나오고 몸이 움직이며 발가락을 두드리기 시작한다. 이것이 바로 고에너지 음악이 우리의 뇌와 신체에 미치는 영향이다. 이 카테고리에 속하는 음악 장르에는 살사, 로큰롤, R&B 긍정적인 랩 또는 빠른 템포의 컨트리 음악이 포함될 수 있다.

한 학부모는 토요일에 자녀에게 방 청소를 시키는 데 어려움을 겪고 있다고 나에게 이야기했다. 아이들은 청소가 하기 싫은 집안일로 인식하고 있었다. 그녀는 집안일을 게임으로 바꾸자는 좋은 아이디어를 생각해 냈다. 그녀는 신나는 음악을 틀어놓고 아

이들이 노래가 세 번 재생되기 전에 방 청소를 끝내도록 도전했다. 두려움으로 가득했던 하루가 재미있고 도전적인 토요일 아침으로 바뀌었고, 보너스로 방도 깨끗해졌다.

전략 3　전공 학습에 음악 통합하기

나는 워크숍에서 연주하는 음악의 종류에 따라 교육자들의 두뇌 상태를 바꿀 수 있다는 것을 알고 있다. 텔레비전과 영화 제작자들도 이 사실을 알고 있다. 영화를 보다가 감성적인 음악이 흘러나오기 시작하자마자 눈물을 흘린 적이 있는가? 다른 영화에서는 빠른 비트의 노래에 맞춰 몸을 움직였을 수도 있다. 한 음악 선생님은 다음에 Tom Hanks가 나오는 〈*Cast Away*〉를 볼 때 그가 섬에 도착할 때부터 배구공 윌슨이 바다에 떠내려갈 때까지 사운드트랙이 전혀 없다는 것을 알아달라고 부탁했다. 그래서 음악이 있었을 때보다 캐릭터가 더 외로워 보인다. 내가 봤더니 그 말이 맞았다! 성인을 대상으로 한 전문 학습이나 교수진 회의를 진행할 때는 적절한 음악을 반드시 포함하자. 가르치는 사람들이 수혜자가 될 것이다.

전략 4　새로운 악기 연주 배우기

새로운 뉴런(기억 세포)을 키우는 것은 아직 늦지 않았다. 특히 인생 후반기에 새로운 악기 연주를 배우는 것도 한 가지 방법이다(Sousa, 2017). 이러한 학습은 다양한 그룹과 음색 패턴을 식별할 수 있게 함으로써 뇌의 구조를 영구적으로 변화시킨다. 또한 뇌와 신체가 새로운 운동 기술을 배우고 조정하는 데 도움이 된다. 손가락의 손재주가 필요한 활동을 할 때마다 두뇌가 향상된다. 뜨개질이나 목공도 좋지만 악기를 다루는 것이 더 좋다. 피아노나 기타 연주와 같이 수년 동안 익힌 것에 대한 기억을 되짚어 보는 것도 나쁘지 않다. 하지만 한 번도 시도해 보지 않은 악기 연주를 배우는 것은 더욱 좋다.

02 행복한 교실

학생들과 함께 작업할 때 차분한 음악과 에너지가 넘치는 음악을 모두 활용하자. 학생들이 수업을 위해 모일 때, 창의적 글쓰기 과제를 할 때 또는 협동 그룹으로 모일 때 차분한 음악을 사용해보자. 학생들에게 두뇌 활동을 요구한다면 가사가 없는 차분한 음악을 사용하는 것이 가장 좋다. 에너지가 넘치는 음악은 동기를 부여해준다. 학급 축하 행사나 학생들이 움직여야 할 때 이 음악을 사용해보자.

직접 지도할 때는 음악을 전혀 사용하지 않는 것이 바람직하다. 뇌는 한 번에 한 가지에만 의식적으로 주의를 기울일 수 있기 때문에 학생들은 교수자의 말을 들을지 아니면 듣고 있는 가사를 따라 부를지 결정할 필요가 없다. 그러나 학생들이 기억해야 하는 내용을 가르칠 때는 어린 학생들이 내용을 기억하는 데 도움이 되는 노래를 찾는 것이 좋다. 고학년 학생은 독창적인 노래를 만들 수 있다. 시험을 통과할 만큼 콘텐츠를 오래 암기하는 데 어려움을 겪는 학생은 좋아하는 노래의 가사를 기억하는 데 어려움이 없을 수 있다. 콘텐츠를 가르치는 노래를 학생들에게 제공함으로써 노래 가사를 기억하는 이러한 성향을 활용하자.

다음은 교육과정 전반에서 음악을 사용하여 콘텐츠를 가르치는 데 사용할 수 있는 몇 가지 자료이다.

1. Dr. Jean (Feldman) (primary grades; www.drjean.org)
2. Jack Hartmann (primary grades; https://jackhartmann.com)
3. Rock n' Learn (all levels; www.rocknlearn.com)
4. The Green Book of Songs by Subject (5th ed.) by Jeff Green
   (all levels; www.greenbookofsongs.com)
5. Flocabulary (all levels; www.flocabulary.com)
6. Mr. Betts (social studies, all levels; www.mrbettsclass.com)
7. Warren Phillips (science, all levels; www.wphillips.com)
8. Mr. Parr (science, all levels; www.youtube.com/user/ParrMr/videos)

학생들이 초등학교, 중학교 또는 고등학교 고학년이 되면 자신만의 노래를 만들 수 있을 것이다. 학생들이 기억해야 할 내용을 제공하고 원하는 경우 수업 시간에 공연할 수 있는 독창적인 노래, 라임 또는 랩을 작성할 수 있도록 한다.

수업에 음악을 접목하자. 역사에서 특정 문화나 시대를 공부할 때는 그 문화나 시대에 적합한 음악을 연주한다. 다문화 학생에게 자신의 삶에서 나온 음악 샘플을 수업 시간에 다른 학생들과 공유하게 하자.

악기 연주에 관심이 있는 학생에게 악기를 배우도록 격려하자. 나는 초등학교 때 리코더, 플루트, 우쿨렐레, 실로폰을 연주할 기회를 가졌는데, 이 악기들은 내가 음악을 좋아하게 된 데 큰 기여를 했다. 학교 밴드와 오케스트라, 합창단은 학생들에게 음악적 재능과 능력을 표현할 수 있는 많은 기회를 제공하며 이는 학업 성취도에 긍정적인 영향을 미칠 것이다.

03 실행 계획

이 장의 서두에서 Doobie Brothers(1972) "Listen to the Music"에 대해 논의한 것을 기억해보자. 나에게 음악은 단순히 듣는 것 이상의 의미를 지니고 있다. 음악을 교육, 훈련, 일상 생활에 통합한다. 내가 듣는 음악의 종류는 긴장을 풀고 싶을 때인지, 에너지를 북돋우고 싶을 때인지 등 뇌에서 만들고자 하는 상태에 따라 달라진다. 다음 실행 계획을 사용하여 음악을 생활의 필수 요소로 만들기 위해 어떤 단계를 사용할지 결정해보자.

| 음악 통합을 위한 실행 계획

더 많은 음악을 생활에 접목하기 위해 어떤 계획을 세우고 있나요?

권장 사항	현재 할 수 있는 것	노력해야 할 것
휴식 활동 중에는 차분한 음악을 들으세요.		
에너지 넘치는 음악을 즐기며 동기 부여와 활력을 얻으세요.		
전문적인 학습을 하는 성인과 함께 음악을 사용하여 두뇌의 상태를 변화시키세요.		
새로운 악기 연주를 배워보세요.		
교실에 음악을 도입하여 학생들을 진정시키고 활력을 불어넣으세요.		
미리 녹음된 노래 또는 학생이 만든 노래를 사용하여 학생들이 콘텐츠를 기억할 수 있도록 하세요.		
학생들이 관심 있는 악기를 선택하고 연주하는 방법을 배우도록 권장합니다.		

다양한 문화 또는 역사 시대를 대표하는 음악을 수업에 통합하세요.		

목표 및 참고 사항

07

안정감 있는 교실 환경(Calm)

"

Calm

조용하고 평화로운 상태 또는 조건

"

John Denver(BBC, n.d.) 는 인터뷰에서 "Annie's Song" ("You Fill Up My Senses"; Denver, 1974)를 작곡한 이야기를 들려준다.

"Annie's Song"에 대한 모든 것을 고려하면 이는 놀라운 일이 아니다. 단순하고 부드러운 포크 멜로디, 친근한 가사, John Denver의 담담한 목소리 등 평온함을 자아낸다.

음악이 모든 것을 개선할 수 있다고 믿는다. 나는 진정으로 또한 그렇게 믿는다. 실제로 마음/뇌 운동의 선두주자인 Eric Jensen(2005)에 따르면 음악은 이 노래는 당신을 평화의 장소로 데려가 심신을 진정시키는 능력이 있다. 내가 가장 좋아하는 노래 중 하나이며, 일곱 번째 원리인 안정감 있는 교실환경을 상징하는 곡이다.

안정감 있는 교실 환경(Calm)

01 | 건강한 교사

(1) 안정감 있는 교실 환경: 무엇을 해야 할까요?

우리 몸은 주변에서 일어나는 일에 직접적인 영향을 받는다. 안정감은 스트레스를 줄이고 불안을 줄이며 긍정적인 감정을 높이는 데 도움이 될 수 있다(Bratman, Hamilton, Hahn, Daily, & Gross, 2015). 스트레스를 받거나 부정적인 생각이 들 때 안정감 있는 교실 환경으로 자신을 둘러싸면 부담을 덜고 더 평화롭고 긍정적인 기분을 느끼는 데 도움이 될 수 있다. 색상, 음악, 조명, 향기 등이 모두 차분한 환경을 조성하는 데 기여한다. 차분한 환경은 세로토닌 수치를 높인다(Premier Health, 2018). 세로토닌은 뇌의 한 부분에서 다른 부분으로 신호를 전달하는 화학 물질로, 엔도르핀(endorphin) 생성을 통해 장수(well-being)와 행복감에 기여한다. 많은 성공적인 항우울제는 뇌의 세로토닌 농도를 증가시키는 방식으로 작용한다.

자연의 색, 광경, 소리는 인간의 뇌를 매우 만족스럽게 한다. 자연은 음식과 물이 우리의 육체를 회복시키는 것과 같은 방식으로 정신 기능을 회복시킨다. 따라서 환경은 천연 항우울제가 될 수 있다. Stanford University의 Gregory Bratman and his colleagues(2015)에 따르면, 우울감의 신경학적 요인, 즉 병적 우울증은 자연에서 시간을 보내면 긍정적인 영향을 받을 수 있다고 한다. 고속도로 근처에서 시간을 보낸 사람들은 기분이나 뇌 기능에 변화가 없었지만, 공원 근처를 산책한 사람들은 기분이 의미있게 개선되었다.

많은 정신 건강 및 신체 건강과 관련된 사무실은 자연 친화적인 벽, 떨어지는 폭포, 식물, 수족관, 잔잔한 음악과 같은 환경적인 요소를 디자인에 포함하고 있다. 이러한 요소는 스트레스가 많은 상황에서 사람들이 보다 긍정적인 태도로 차분한 상태를 유지하는 데 도움이 된다. 자주 가는 병원 사무실의 환경을 생각해 보자. 예를 들어 치과에는 대기실에 폭포가 있고 부드러운 재즈 음악이 흘러나온다. 직원들은 긴장한 환자에게 이러한 진정 효과의 필요성을 잘 알고 있다.

(1) color, (2), music, (3) lighting, and (4) aroma, which this chapter explores.

두뇌 연구를 진행하면서 나는 외부 요인을 진정시키는 방법에 대해 배운 내용을 두 권의 책, *Preparing Children for Success in School and Life*(Tate, 2011) and *Shouting Won't Grow Dendrites*(Tate, 2014)에 포함하기로 결정했다. 이 책에서 나는 차분한 환경의 네 가지 요소에 주목했다: 이 장에서는 (1) 색상, (2) 음악, (3) 조명 및 (4) 향기에 대해 살펴보자.

각각의 내용을 읽으면서 어떤 것이 이미 주변 환경의 일부이고 어떤 것을 통합하기 위해 조치를 취할 수 있는지 시각화해보자.

② 뇌 연구가 말하는 것: 왜 해야 할까요?

이 연구는 안정감 있는 교실환경을 조성하는 데 사용할 수 있는 몇 가지 전략, 즉 차분한 색상, 음악, 조명, 향기, 자연을 활용하는 방법을 제시한다.

(1) Color 색상

Reynolds 연구에 따르면 색상에 따라 심리적, 정서적, 신체적으로 서로 다른 영향을 미친다고 한다. 푸른 하늘, 푸른 잔디, 갈색 빛의 대지, 무지개의 부드러운 색 등 자연의 색은 마음을 안정시킨다. 뇌를 가장 진정시키는 색은 파란색, 녹색, 흙색, 파스텔 톤이다.

연구에 따르면 녹색, 파란색, 갈색의 흙빛 색상은 기억력을 촉진하는 반면 빨간색, 주황색, 노란색은 강조할 때 사용할 수 있습니다.

Cooper & Garner, 2012

---

*New York Times Magazine*의 블로그 게시물에서 Gretchen Reynolds (2016)는 녹색 이미지를 보는 것만으로도 심박수가 낮아지고 스트레스에서 훨씬 더 빨리 회복된다는 스탠퍼드 대학의 연구에 대해 설명한다.

새로운 신경과학 연구에 따르면 꽃, 식물, 풀과 같은 녹지로 덮인 도시 옥상을 창문을 통해 40초만 바라보는 것만으로도 집중력 향상에 도움이 된다고 한다(Augustin, 2018). 연구 결과에 따르면 이러한 짧은 휴식은 집중력을 향상시키고 오류를 줄일 수 있을 만큼 주의력을 회복시켜 준다. 연구에 따르면 자연은 이전에 입증된 것보다 훨씬 짧은 시간 동안, 그리고 적은 양으로도 인지적 혜택을 제공할 수 있다.

병원에서 실시한 연구에 따르면 나무를 바라보는 환자는 벽이나 커튼, 문을 바라보는 환자보다 회복 속도가 빠르고 우울감이 적으며 통증을 덜 느끼는 것으로 나타났다 (Consult QD, 2017 참조). 별도의 연구에서 실내에 앉아 있지만 자연스러운 야외 경관을 볼 수 있는 어린이는 더 차분하고 집중력이 높았으며 인지 테스트에서 더 좋은 성적을 거둔 것으로 나타났다. 다음에 비싼 레스토랑에서 식사를 할 때는 벽의 색상에 특히 주의를 기울이자. 벽의 색상이 흙색이나 짙은 녹색, 파란색, 파스텔 톤일수록 고객들이 더 오래 머무르며 휴식을 취하고 싶어 하고 더 행복해하며 더 많은 음식과 음료를 즐기게 될 가능성이 높다.

(2) Music 음악

이 책에서는 6장 전체를 음악에 할애할 정도로 음악은 뇌에 지대한 영향을 미친다. 하지만 이 장에서는 음악이 차분한 환경에 기여하는 부분만 살펴보겠다.

음악은 우리 뇌의 상태, 즉 기분을 바꿀 수 있다. 음악은 우리를 기쁘게 하거나, 슬프게 하거나, 차분하게 하거나, 흥분하게 만들 수 있다. 음악의 유익한 효과에 대한 수많은 긍정적인 연구가 음악의 치료 효과를 입증한다. 예를 들어, 음악은 스트레스를 완화하고(Trappe, 2010) 정신 지체, 알츠하이머병, 청각 및 시각 장애와 같은 심각한 장애를 가진 사람들의 수행 능력을 향상시키는 것으로 알려져 있다(Sousa, 2017). 음악(노래, 춤, 창의적 움직임)은 자폐 스펙트럼에 속한 사람들의 사회성을 향상시키는 것으로 나타났다(Eren, 2015). 병원에서 자장가에 노출된 미숙아는 음악에 노출되지 않은 미숙아보다 더 일찍 퇴원하고 스트레스 관련 문제가 더 적다(Gooding, 2010).

소위 "Mozart effect"(모차르트의 음악을 듣는 것만으로도 IQ 테스트의 일부 점수를 높일 수 있다는 이론)에 대한 연구는 명확하지 않지만, 대부분의 연구자들은 수동적으로 음악을 듣는 것이 공간적 사고를 자극하고 기억력, 주의력, 집중력, 손재주를 향상시킨다는 데 동의하고 있다(Sousa, 2017).

연구에 따르면 음악은 대뇌 피질에서 뇌 세포 간의 연결을 구축하고 강화하는 데 도움이 될 수 있다. 의사들은 말하기 능력을 잃은 뇌졸중 환자도 여전히 노래를 부른다는 사실을 발견하고 있다. 따라서 치료사는 환자에게 하고 싶은 말을 노래하게 함으로써 유창성을 향상시키고 뇌의 언어 중추를 재훈련할 수 있다(Norton, Zipse, Marchina, & Schlaug, 2009).

배경 음악을 듣는 것만으로도 시각적 이미지, 집중력, 손재주, 뇌의 정보기억 능력이 향상될 수 있습니다.

Sousa, 2017

남편이 가장 좋아하는 차분한 음악은 부드러운 재즈 음악이다. 집에서는 남편이 Alexa에게 Boney James, 재즈 마스터즈 또는 Crusaders의 음악을 틀어달라고 요청하는 것을 자주 듣는다. 나는 내 머릿속에 어떤 상태를 만들고 싶은지에 따라 다양한 장르의 음악을 좋아한다. 마음을 안정시키기 위해 내가 좋아하는 클래식 피아니스트 Emile Pandolfi의 피아노 음악을 자주 선택한다. 6장에서 언급했듯이 내 워크숍에 참석하면 입장할 때 Pandolf의 연주를 들을 수 있다.

음악을 만드는 것은 단순히 음악을 듣는 것보다 훨씬 더 많은 두뇌적 이점을 가져다준다. 6장에서는 이러한 이점을 살펴보자.

(3) Lighting 조명

우리는 자연의 색에 긍정적인 영향을 받을 뿐만 아니라 자연의 조명에 의해서도 영향을 받는다. 알래스카나 남극과 같은 특정 지역에는 연간 6개월 동안 빛이 있고 6개월 동안 어둠이 있는 곳이 있다. 어둠의 시간 동안 알코올 중독, 우울증, 자살률이 증가하는데, 이는 모두 빛의 부재로 인한 영향이다(Torres, 2020).

햇빛과 기타 유형의 자연광은 뇌와 신체에 가장 좋은 광원이다. 자연광에는 다음과 같은 많은 이점이 있다(Garone, 2020).

1. 비타민 D를 강화
2. 계절성 우울증 예방
3. 수면 개선
4. 형광등의 유해한 영향을 줄여줌

다른 유형의 건강하고 차분한 빛으로는 벽난로나 촛불의 불빛이 있다. 비싼 레스토랑을 다시 한번 상상해보고 자연광을 생각해 보자. 일반적으로 조명이 너무 어두워서 메뉴판을 겨우 읽을 수 있을 정도이다. 촛불은 테이블에 자연광을 비출 수 있다. 램프 불빛, 촛불, 벽난로에서 나오는 불빛은 모두 뇌를 이완시켜 창의적인 상태로 만드는 경향이 있다.

강한 자연광은 학습 환경에 극적이고 지속적인 긍정적인 영향을 미칠 수 있습니다.

Jensen, 2008

뇌에 최악의 광원은 형광등이다. 형광등의 지속적인 윙윙거리는 소리와 지속적인 눈부심은 편두통 발생률을 높이고, 편두통을 경험하는 사람들에게 간질 발작을 일으키며, 과잉 활동적인 아이들을 더 과잉 활동적으로 만들 수 있다(Bullock, 2018). 이런 사실을 알면서도 형광등으로 새 학교를 계속 짓는 이유는 무엇일까? 형광등 대신 할로겐 전구와 백열전구를 사용하는 것이 권장되는 경우가 많지만, 두 전구 모두 바람직하지 않은 영향을 미친다(Leonette, 2018).

(4) Aroma 아로마

Aromatherapy는 큰 사업이다. 향기가 뇌에 미치는 영향을 고려하면 놀라운 일이 아니다. 천연 아로마는 수세기 동안 영적, 정신적, 육체적 치유에 사용되어 왔다. 인도, 중국, 이집트를 비롯한 많은 고대 문명에서는 에센셜 오일과 향기 화합물을 사용하여 통증, 두통, 불면증, 습진, 우울증, 소화 장애와 같은 심리적, 신체적 장애를 치료했다(Sowndhararajan & Kim, 2016). 사실 모든 감각 중에서 후각은 기억과 가장 밀접한 관련이 있는 감각이다. 후각은 감정과 기억이 저장되어 있는 변연계와 의지력을 관장하는 뇌의 전두엽과 직접 연결되어 있다(Van Toller, 1988). 그렇기 때문에 부동산 중개인은 개업한 베이커리에 빵이나 쿠키를 구워 잠재 고객이 유혹적인 냄새에 영향을 받을 수 있도록 추천한다.

라벤더, 바닐라, 샌달우드, 유칼립투스, 카모마일은 대부분의 두뇌를 진정시키는 향으로 알려져 있다. 레몬이나 오렌지 같은 시트러스 계열, 페퍼민트, 시나몬은 활력을 주는 향으로 알려져 있다. 항공 교통 관제탑에서 근무하는 사람들은 관제사들의 주의력을 높이기 위해 페퍼민트를 뿌리는 것으로 알려져 있다(Scott, 2020a).

과학자들은 냄새가 장기 기억을 되살릴 수 있다는 프루스트 효과에 대해 100년 이상 알고 있었다.

Medina, 2014

다른 사람들이 있는 환경에서 아로마를 사용할 때는 주의해서 사용하는 것이 좋다. 동료나 학생이 알레르기가 있거나 향에 의해 다른 증상이 악화될 수 있다. 에센셜 오일은 식물에서 직접 추출한 농축액이기 때문에 이러한 알레르기가 있는 사람들에게 덜 해로운 경향이 있다(Brennan, 2020).

후각은 여과되지 않고 방해받지 않고 뇌에 전달되기 때문에 뇌는 다른 신체 감각과 달리 후각을 처리한다.

Jensen, 2007

---

(5) Nature 자연

연구에 따르면 Rachel과 Stephen Kaplan이 제안한 주의력 회복 이론(1989, 1995; Berman, Jonides, & Kaplan, 2008)이라는 심리학적 개념으로 인해 자연이 더 안정감을 준다고 한다. 이 이론에 따르면 도시 환경에 있을 때 우리는 차도, 연석, 신호등, 문, 계단 같은 장애물에 주의를 기울일 수밖에 없다. 이러한 기능들은 성공적으로 탐색하기 위해 지속적으로 결정을 내려야 하기 때문에 피로감을 줄 수 있다. 그렇지 않으면 연석에서 발을 내딛을 때 도로가 훨씬 낮다는 사실을 깨닫지 못해 차에 치이거나 발목이 부러질 수 있다.

숲, 개울, 강, 호수, 바다는 우리에게 거의 관심을 요구하지 않는다. 다른 결정을 강요하지 않고도 우리가 원하는 만큼만 생각할 수 있게 해주기 때문이다. 따라서 자연의 색, 광경, 냄새, 소리는 우리의 지친 정신 자원을 보충하고, 더 행복하고 건강해지며, 전반적인 웰빙을 개선할 수 있게 해준다.

③ 실행 단계: 어떻게 해야 할까요?

전략 1 두뇌 친화적인 색상으로 벽 색칠하기

이제 색이 뇌에 미치는 영향을 깨달았으니, 집안에서 사용하는 색에 주의를 기울여 보자. 벽을 파란색, 녹색 또는 기타 파스텔 톤과 흙색으로 칠하면 더욱 편안한 분위기를 연출할 수 있다.

빨간색, 주황색, 진한 노란색은 에너지가 높은 색상인 경향이 있다. 이 말이 믿기지 않는다면 맥도날드, 버거킹, KFC, 소닉 등 대부분의 패스트푸드점 간판의 색상을 살펴보도록 하자. 이런 곳들은 일반적으로 에너지가 넘치는 색상으로 장식되어 있으며, 고객이 들어와서 햄버거나 치킨을 빨리 먹고 나가기를 원한다. 패스트푸드 업계에서는 이해가 되지만, 유아 방을 빨간색으로 칠하는 것은 몇 가지 문제가 있을 수 있다. 집 안에서 자극을 원하는 공간에는 좀 더 활기차고 에너지가 높은 색상을 사용하자.

전략 2 안정감 있는 음악 통합하기

분당 50~70회 범위의 비트가 포함된 음악은 심장 박동과 유사하기 때문에 더 안정시키는 경향이 있다. 어떤 음악을 사용할지 결정하기 위해 비트 수를 세는 것은 필요하지 않다. 클래식, 뉴에이지, 부드러운 재즈, 아메리카 원주민, 느린 켈트 음악, 자연의 소리가 일반적으로 적합한다. 분당 110~160 비트의 음악은 몸을 움직이게 하는 경향이 있다. 이러한 유형의 음악에는 R&B, rock and roll, positive rap 또는 빠른 템포의 컨트리 음악이 포함된다.

전략 3 안정감 있는 조명 꾸미기

형광등이 건강에 해롭다는 연구 결과가 있으므로 형광등 사용을 제한하는 것이 좋다. 꼭 사용해야 하고 전등 스위치가 두 개 이상 있는 경우, 조명의 절반 이상을 끄면 안정감 있는 분위기를 연출할 수 있다. 천장 조명을 없애고 램프를 활용하면 더 따뜻하고 아늑한 방을 만들 수 있다.

벽난로에서 나오는 불빛은 최면에 걸릴 수 있다. 다음 시나리오를 잠시 생각해 보자: 하루 종일 여행하고 드디어 호텔에 도착했다. 밖에는 눈이 쌓여 있고 팔다리가 얼어붙은 것 같은 느낌이 든다. 바쁜 하루와 악천후로 지친 몸을 이끌고 호텔에 들어서자 호텔 로비의 불빛에 이끌려 들어간다. 빛이 마음을 안정시키는 비슷한 경험을 한 적이 있는지 생각해보자.

전략 4 향기 요법 도입하기

집은 물론 오랜 시간을 보내는 다른 장소에서도 사용할 수 있는 *Aromatherapy* 옵션을 살펴보자. 공기 중에 향기를 뿌려주는 화분, 양초, 향기를 내뿜는 플러그인 디퓨저(plug-in diffusers) 등 다양한 옵션이 있다. 잠시 시간을 내어 좋아하는 향기를 생각해보고 그 향기가 가장 마음을 안정시켜 주는지도 생각해보자. 추수감사절에는 단풍 향을 좋아하고 크리스마스에는 봉숭아(balsam)과 삼나무(cedar) 향을 좋아해서 일 년 내내 사용할 수 있는 양을 보관해 두는 편이다.

전략 5 수족관 만들기

수족관에서 형형색색의 물고기를 보는 것도 두뇌와 신체에 안정을 가져다주는 또다른 방법이다. 수족관에는 마음을 안정시키는 몇 가지 감각적 특성이 있다. 시냇물이 졸졸 흐르는 소리를 내는 필터가 있고, 자연을 모방한 식물과 풍경으로 가득 차 있으며, 헤엄치는 물고기의 움직임이 진정 효과를 줄 수 있다. 남편의 취미는 서재에 있는 250갤런짜리 바닷물 수족관이다. 나는 수조에서 나는 소리와 움직임에 매료되어 여러 날을 보냈다.

전략 6 일광욕실 또는 베란다에서 시간 보내기

운이 좋게도 거주하고 있는 집이나 아파트에 베란다, 일광욕실이 있다면 가능한 한 이 공간을 활용해보자. 이러한 공간은 외부가 들어올 수 있고 색상, 조명, 소리, 자연과의 연결성 등으로 두뇌를 자극할 수 있다. 바깥 날씨가 좋지 않더라도 보호된 공간에서 차분한 자연의 풍경과 소리를 즐길 수 있다.

02 행복한 교실

이 장의 1부에서 설명한 이러한 요소를 적용하여 학교 환경을 보다 차분하고 평화로운 분위기로 바꿀 수 있다.

교실 벽의 색상에 주의를 기울이자. 이 문제에 대해 의견이 있다면 네 부분의 벽 중 적어도 세 부분의 벽에 차분한 색으로 다시 칠하는 것을 고려하여라. 네 번째 벽은 에너지가 넘치는 색으로 칠하는 것도 좋다.

비대면수업과 대면수업을 시작하기 전이나 창의적인 글쓰기를 하는 동안 차분한 음악을 틀어 놓도록 해보자. 그런 다음 활기찬 음악을 사용하여 동기를 부여하고 자극을 준다. 하지만 직접 수업을 진행할 때는 음악을 틀지 않는 것이 좋다. 학생들이 음악에 집중할지, 교수자의 말에 집중할지 결정할 필요가 없어야 한다.

운이 좋아 창문이 있다면 햇빛이 들어올 수 있도록 해보자. 형광등이 유일한 옵션이고 전등 스위치가 두 개 있는 경우, 조명의 절반을 끄고 허용되는 경우 램프를 가져와야 한다.

aromatherapy는 모든 사람이 같은 향을 좋아하거나 견딜 수 있는 것은 아니기 때문에 수업에 도입하기가 조금 까다로울 수 있다. 향기를 사용하고 싶다면 에센셜 오일이 다른 유형의 aromatherapy보다 더 효과적일 수 있다. 라벤더, 바닐라, 샌달우드, 카모마일, 유칼립투스 등의 향은 진정 효과가 있는 반면 시트러스 향은 활력을 주는 효과가 있다. 가능하면 학생들을 가끔씩 야외로 데리고 나가 수업을 진행해보자. 자연으로 풍경을 바꾸면 마음을 안정시킬 수 있고 수업에 참신함을 더할 수 있다.

03 실행 계획

이 장의 서두에서 John Denver의 "Annie's Song"에 대해 논의한 내용을 기억하는가? 우리는 실제로 우리가 처한 환경으로 우리의 감각을 채울 수 있다. 그 환경이 마음을 안정시키고 두뇌와 신체 모두에 유익할 때 우리의 삶은 풍요로워진다. 다음 실행 계획을 참고하여 차분하고 기분을 고양시키는 환경을 조성하는 방법을 알아보자.

| 안정감 있는 교실환경을 위한 실행 계획

안정감 있는 교실환경을 위한 실행 계획은 무엇인가요?

권장 사항	현재 할 수 있는 것	노력해야 할 것
자연 속에서 시간을 보내면 진정효과가 있습니다.		
집과 교실에 있는 방의 벽 색상을 고려하세요.		
차분한 음악을 들으면 휴식을 취하세요.		
집과 교실에서 형광등 사용을 제한합니다.		
자연광이 들어오는 곳을 찾습니다.		
aromatherapy를 제공할 수 있는 에센셜 오일을 선택하세요.		
학교에서 수족관을 만들거나 화면 보호기를 사용하세요.		
일광욕실이나 베란다에서 시간을 보내세요.		
야외수업을 진행하여 학생들에게 차분하고 새로운 학습 환경을 제공하세요.		

목표 및 참고 사항

08

관계

관계

사람들 간의 정서적 또는 기타 연결

내가 가장 좋아하는 R&B 음악 그룹 중 하나는 히트 디스코 찬송가 "We Are Family"(Edward & Rogers, 1974)로 유명한 Sister Sledge이다. 이 노래는 Pittsburgh Pirates 야구팀에서 팀의 좌우명과 테마로 채택할 정도로 인기가 많았다.

노래가 우승했을 때 1979년 월드 시리즈, 노래의 주제인 함께함, 낙관성, 서로에 대한 믿음에 대한 고개를 끄덕인다(Flaherty, nd). Sister Sledge가 노래하는 것과 같은 친밀한 인간관계는 우리 삶의 질과 양을 향상시킨다. 이 장에서는 이 여덟 번째 원리에 대해 살펴보자.

원리 8

관계

01 건강한 교사

(1) 관계: 무엇을 해야 할까요?

내가 저서한 책 Shouting Won't Grow Dendrites(Tate, 2014)의 첫 번째 장은 "각 학생과 관계를 발전시켜라"이다. 학생들과의 긍정적인 관계 없이는 학급 운영은 어렵다. 학급 가르칠 때 나는 다음과 같은 좌우명을 공유한다: 관계없는 규칙은 반항과 같다. 학생은 교사가 자신을 개인으로서 진정으로 아끼고 있다고 느끼지 못하면 교사의 요청을 따를 필요성을 느끼지 못한다.

가족도 마찬가지이다. 부부는 서로의 관계를 지속적으로 발전시켜야 한다. 부모는 삶의 모든 단계에서 자녀를 이해하고 신뢰와 상호 존중의 관계를 구축하기 위해 노력해야 한다. 오늘날의 많은 가족은 혼혈 가족이며, 이러한 상황에서 가족 구성원들은 모두 서로 새로운 관계를 형성하고 있다.

> 많은 연구에 따르면 가족, 친구, 더 큰 커뮤니티의 사회적 지원을 받는 사람이 더 건강하고 행복하며 더 오래 산다는 사실이 밝혀졌습니다.
>
> Harvard Women's Health Watch, 2019

인간이 건강을 유지하려면 다른 사람들과의 긍정적인 상호작용이 필요하다. 가족 모임, 친구들과의 모임, 특별한 직장, 종교 또는 커뮤니티 활동에 참여하는 것은 서로 아이디어를 교환하고 사회적 지원을 제공할 수 있는 기회를 제공한다. 강한 관계의 건강상의 이점에 관한 하버드 대학교의 기사에 따르면, 이와 같은 사회적 활동은 좋은 영양 섭취, 충분한 수면, 금연만큼이나 장기적인 건강에 긍정적인 영향을 미칠 수 있다고 한다(Harvard Women's Health Watch, 2019). 이러한 필수적인 사회적 관계를 경험할 만큼 운이 좋지 않은 사람들은 우울증, 노년기의 인지 기능 저하, 사망률 증가를 경험하는 경향이 있다.

어머니는 20년 넘게 우리와 함께 사셨다. 생의 마지막 몇 년 동안 어머니는 우리가 더 이상 어머니의 특별한 필요를 돌볼 수 없었기 때문에 요양 시설에 거주하셨다. 여동생과 나는 어머니의 건강을 유지할 수 있는 최고의 시설을 찾았다.

높은 삶의 질. 이 시설은 엄마가 다른 사람들과 유대감을 형성할 수 있는 많은 기회를 제공했다. 하루에 세 번씩 식당에서 식사가 제공되었고, 엄마는 다른 다섯 명의 여성과 한 테이블에 배정되어 결국 친한 친구가 되었다. 매일의 일정은 엄마가 방에서 나와 다른 사람들과 어울려야 하는 활동으로 가득 했다. 나는 엄마가 운동 수업에 참여하고, 매니큐어를 칠하고, 노래를 부르고, 미술 프로젝트를 완성하는 모습을 지켜보았다. 나는 엄마가 아흔두 살까지 높은 삶의 질을 누리며 살 수 있었던 것은 이러한 친밀한 인간관계 덕분이라고 생각한다.

이 장수의 원리, 즉 친밀한 인간관계는 이 책에 소개된 12가지 원칙 중 가장 쉽게 접근할 수 있는 것 중 하나일 수 있다. 특별한 장비나 자원이 필요하지 않고 비용도 저렴하지만 그 효과는 상당하다.

② 뇌 연구가 말하는 것: 왜 해야 할까요?

긍정적인 사회적 관계는 수명을 늘리는 데 도움이 되는 반면, 외로움은 수명을 단축시킨다는 연구 결과가 있다(Amen, 2018; Harvard Women's Health Watch, 2019). 그럼에도 불구하고 미국인 5명 중 1명은 외로움을 느끼며, 친밀한 개인적 관계의 부족은 공중보건 문제로 대두되고 있다(Amen, 2018). 소속감과 사랑받고자 하는 욕구는 음식과 물에 대한 욕구만큼이나 강력하고 필수적이다. William Glasser(1999)는 그의 저서 〈Choice Theory(선택 이론)〉에서 소속감과 사랑에 대한 욕구는 생존, 권력, 자유, 재미와 함께 인간이 충족해야 하는 다섯 가지 욕구 중 하나라고 말한다.

결혼 문제와 외도, 가정 폭력, 이별 또는 관계 상실의 위협은 종종 공황 발작, 우울증, 강박적인 행동, 정서적 위기를 유발합니다.

Amen, 2018

30만 명 이상의 데이터를 대상으로 한 한 연구에 따르면, 강한 관계가 부족하면 원인에 관계없이 조기 사망할 가능성이 50% 증가했다. 이러한 사망 위험에 대한 영향은 비만, 신체 활동 부족 또는 매일 15개비 이상의 담배를 피우는 것과 비슷한 수준이다. 연구에 따르면 특히 적대적인 부부싸움을 하는 동안 부부의 면역력이 감소한다는 사실도 밝혀졌다(Amen, 2018). 거절은 또한 공격성을 유발할 수 있다. 사회적 유대감이 깨지면 종종 자살, 살인, 타살로 이어질 수 있다. Amen(2018)에 따르면 2003년에 15명의 학교 총격범을 연구한 연구자들은 2명을 제외하고는 모두 사회적 기부감을 겪는다는 사실을 발견했다.

75세 이상을 대상으로 한 스웨덴의 한 연구에 따르면 친척 및 친구와 긍정적인 접촉을 많이 하는 사람들의 치매 위험이 가장 낮았다고 합니다.

Harvard Women's Health Watch, 2019

다른 사람들과의 교류는 관상동맥, 인슐린 조절, 소화 기능에 악영향을 미칠 수 있는 스트레스의 유해한 영향을 완화하는 데 도움이 된다. 다른 사람을 돌보는 것이 스트레스를 줄이는 호르몬 분비를 유한다는 추가 연구 결과도 있다(Ritvo, 2014). 흥미롭게도 독신인 사람은 기혼자보다 치매에 걸릴 위험이 42% 더 높다. 사별한 사람은 그 위험이 20% 더 높다(Amen, 2018).

③ 실행 단계: 어떻게 해야 할까요?

전략 1 효과적인 관계 구축하기

다음 11가지 관계 원리(Amen, 2003)은 인생에서 중요한 사회적 관계를 유지하는 데 도움이 될 것이다.

1. 관계에 대한 책임을 지고 관계를 개선하기 위해 개인적으로 할 수 있는 일을 검토하자.
2. 관계를 당연한 것으로 여기지 말고 매일 소중한 사람들에게 사랑한다는 사실을 알리기 위해 노력해보자.
3. 상대방을 비하하거나 비하하지 않고 상대방을 세워주어 관계를 보호하자.
4. 상대방의 의도나 동기에 대해 최악의 상황이 아닌 최선의 상황을 가정하자.

5. 관계에 활기를 더할 수 있는 새롭고 다양한 방법을 찾아보자.

6. 관계의 부정적인 측면이 아닌 긍정적인 측면에 주목하는 데 시간을 할애해보자.

7. 관계에 있는 다른 사람의 말을 경청하고 진정으로 이해하는 데 시간을 할애해보자.

8. 신뢰 관계를 유지하고 보호하자.

9. 어려운 시기에는 친절하지만 단호한 태도로 옳다고 생각하는 것을 옹호하자.

10. 관계를 우선순위에 두고 양질의 시간을 투자하자.

11. 접촉은 삶 자체에 매우 중요하므로, 신체적 접촉이 관계의 일부가 되도록 해보자.

전략 2 통증 완화를 위한 손 잡기

배우자 또는 파트너와의 관계를 잘 관리하도록 한다. 나이가 들수록 인생에서 가장 중요한 사람 중 한 사람의 사랑과 지지를 받는 것이 중요하다. 관계에 활기를 더하고 새로움을 창조하는 데 시간을 투자하지 않으면 관계 문제가 발생할 수 있다(Mayo Clinic, 2020).

이스라엘 Haifa 대학교의 연구진은 최근 통증이 있는 연인의 손을 잡아주면 상대방의 불편함을 완화하는 데 도움이 될 수 있다는 사실을 발견했다(Malamut, 2018). 실험에 따르면 배우자가 고통스러워할 때 손을 잡으면 호흡수, 심박수, 뇌파 패턴이 동기화되는 것으로 나타났다. 고통에 처한 파트너에 대한 공감이 높아질수록 뇌파가 더 잘 조율되고 고통을 완화하는 능력이 더 커진다(Malamut, 2018).

전략 3 친척 및 친구들과 연락 유지하기

코로나19 팬데믹 동안 직계 가족은 그 어느 때보다 더 많은 시간을 함께 보냈다. 하지만 직접 대면할 수 없는 상황에서는 다른 형태의 연락이 필수적이다. 여기에는 전화 통화, 문자 메시지, e-mail, Zoom, Face time 통화가 포함될 수 있다. 소통할 때는 활기차고 긍정적이며 기분을 고양시키는 콘텐츠에 집중하도록 한다. 메시지의 7%만 내가 사용하는 단어에서 나온다는 점을 기억하도록 한다(Smith, 2020). 나머지 93%는 목소리 톤, 제스처, 몸짓, 즉 비언어적 표현에서 비롯된다. 나는 이것이 사람들이 종종 문자 메시지와 이메일을 잘못 해석하는 이유라고 생각한다. 상대방은 메시지 내용의 7%만 수신하지만, 나머지 93%에 대해서는 접근할 수 없기 때문에 진정한 의미의 대화가 이루어지기 어렵다.

Amen(2018)은 고객이 필수적인 관계의 습관을 기억하도록 돕기 위해 RELATING이라는 약어를 사용한다.

1. R은 책임감 *Responsibility* (긍정적이고 도움이 되는 방식으로 응답)을 의미한다.
2. E는 공감 *Empathy* (내가 대접받고 싶은 대로 남을 대하기)을 의미한다.
3. L은 듣기 *Listening* (좋은 의사소통 기술 연습)를 위한 것이다.
4. A는 적절한 자기주장 *Assertiveness* (친절하고 침착하며 명확한 방식으로 자신이 믿는 바를 말하는 것)을 의미한다.
5. T는 시간 *Time*는 실제 물리적인 시간(다른 사람들과 의미 있는 시간을 보내는 것)을 의미한다.
6. I는 질문 *Inquiry* (부정적인 생각이 사실인지 판단하고 사실이 아닌 경우 수정)을 위한 것이다.
7. N은 주목하기 *Noticing* (다른 사람의 마음에 드는 점을 싫어하는 점보다 더 많이 관찰하기)의 약자이다.
8. G는 은혜 *Grace* (할 수 있을 때마다 다른 사람을 용서)를 의미한다.

전략 5 능동적 듣기 연습하기

적극적 경청은 치료사가 효과적인 의사소통을 늘리기 위해 사용하는 기법으로, 특히 감정적으로 격한 대화가 오갈 때 유용하다. 이 기법에는 상대방의 말을 반복해서 듣고 있는 내용이 화자의 의도와 일치하는지 확인하는 것이 포함된다. 사람이 전달하는 메시지의 93%는 제스처와 목소리 톤 등 비언어적으로 전달되기 때문에, 이해한 내용과 의도한 내용 간의 차이로 인해 대화가 중단될 수 있다(Amen, 2018). "내가 듣기에는 당신이 말하는 것은" 또는 "내가 당신이 의미하는 바를 확실히 이해할 수 있도록 해주세요."라고 말하는 것은 화자의 의도를 명확히 하는 동시에 상대방에게 당신이 이해하고 경청하고 있다는 것을 알려주는 것이다.

적극적으로 경청하면 더 정확한 메시지를 수신할 수 있고, 오해가 해소되며, 다음에 할 말을 생각하기보다 상대방의 말을 듣는 능력이 향상되고, 갈등도 완화된다(Amen, 2018).

"*The 7 Habits of Highly Effective People*"(효과적인 사람들의 7가지 습관(*Covey, 2020*))에 나오는 기본 원칙인 감정 은행 계좌라는 개념이 있다. 이는 우리가 다른 사람들과 맺는 관계에 대한 은유이다. 금융 은행 계좌의 경우와 마찬가지로, 인출보다 입금이 훨씬 더 많이 필요하다. 예금보다 인출을 더 많이, 또는 더 많이 하면 계좌는 곧 초과 인출된다.

그렇다면 무엇이 보증금으로 간주될 수 있을까? 미소, 칭찬, 친절한 행동, 약속 지키기, 사과하기 등이 모두 입금의 예시이다. 출금에는 무례함, 오만함, 약속을 어기거나 불성실함이 포함될 수 있다. 이혼 또는 기타 유형의 별거로 인해 인출이 너무 많이 발생하여 계좌에 잔액이 남지 않은 경우 계좌가 폐쇄된다. 사람들이 다른 사람들과 돈독한 관계를 원한다면 인출보다 입금하는 것이 훨씬 더 많아야 한다. 사람들을 잘 알면 그들이 무엇을 입금과 인출로 간주할지 알 수 있다. 예를 들어, 나는 스포츠를 좋아하는 딸이 하나 있어서 딸과 딸의 가족과 함께 축구 경기를 보려고 노력한다. 다른 딸은 스포츠에는 관심이 없지만 *Broadway* 쇼를 좋아해서 함께 *Hamilton* 쇼를 즐겼다.

가족이나 친구에게 자주 입금하는 것 외에도 개인적으로 모르는 사람에게도 입금할 수 있다. 예를 들어, 레스토랑에서 훌륭한 서비스를 받았다면 직원를 칭찬할 뿐만 아니라 칭찬을 사장에게 전달해보자. 입금하는 것은 받는 사람에게만 좋은 것이 아니다. 주는 사람에게도 매우 유익하다. 다른 사람에게 관심을 갖고 있다는 사실을 알리면 스스로 기분이 좋아진다.

Delegate or Discard Tasks That Eat Into Time

하루는 24시간밖에 없다. 매 순간을 풍족한 삶을 위해 소중하게 사용하는 것은 우리의 몫이다. 중요하지 않은 업무는 과감히 포기하고 중요한 업무에 집중하도록 한다. 가족이 중요하다면 몇 시간씩 텔레비전 프로그램을 시청하는 대신 가족을 한자리에 모아 양질의 대화나 게임을 즐기자. 저녁 식사 시간에 모든 가족 구성원이 접시를 들고 집안의 다른 구석으로 물러나는 대신 식탁에 함께 앉아 식사를 해보자. 식사가 중요한 것이 아니라 식사 중에 나누는 대화가 더 중요하다.

일상 생활에 내재된 업무로 인해 우리는 종종 개인적인 관계를 구축하는 데 충분한 시간을 보내지 못한다. 이러한 의무와 책임을 다른 가족 구성원과 공유하도록 한다.

자녀가 충분히 나이가 들었다면 집안청소나 식사 준비 및 뒷정리는 모두의 몫이라는 점을 알려주는 것이 좋다. 좋은 시간을 보내기 위해 때때로 집안일을 미루더라도 그만한 가치가 있을 것이다.

전략 8 기술 제한하기

많은 부모와 보호자가 **태블릿과 기술**로 대면 상호작용을 대체하고 있기 때문에 언어가 부족한 아이들이 증가하고 있다는 것을 언어 치료사에게 들었다. 현재까지 인간의 상호작용을 대체할 수 있는 기술은 없다. 부모와 자녀가 스마트 기기와 보내는 시간을 제한하도록 해야 한다. 남는 시간을 관계 형성을 위해 사용하도록 한다.

> 아이들과 더 자주 대화할수록 아아들은 더 많이 이해할 수 있다. 아이들은 들으면서 말하기 시작한다. 말을 하면서 읽기 시작한다.
>
> Sprenger, 2008

전략 9 건강한 사람 찾기

Amen(2015)에 따르면 "뇌를 위해 할 수 있는 최선의 일은 건강한 사람들과 시간을 보내는 것입니다"(29페이지)라고 한다. 그는 건강해지는 가장 빠른 방법은 가장 건강한 사람을 찾아서 그 사람과 가능한 한 많은 시간을 보내는 것이라고 말한다. 건강한 사람은 전염성이 있다. 부정적이고 건강에 해로운 사람들로부터 자신을 분리하여라. 그들도 전염성이 있다!

02 행복한 교실

가르치는 모든 학생과 관계를 발전시키자. 수업 전(비대면이나 대면 수업 중) 학생들과 인사를 나누자. 학생의 행동이나 학업 성취도가 개선된 것에 대 해 개인적으로 칭찬하거나 사생활에 대해 질문을 해보는 것도 좋은 방법이다. 학생과 학생의 복지에 관심이 있다는 것을 보여주도록 한다. 학기 초에 학생들이 알면 좋다고 생각되는 자신에 대한 개인 정보를 공유한다. 나는 나에 대한 네 가지 정보를 공개하는 '세 가지 진실과 거짓' 게임을 좋아하는데, 그중 세 가지는 진실이고 한 가지는 거짓이다. 학생들은 거짓 진술을 맞혀야 한다. 이런 식으로 학생들은 나를 좋아하는 것, 싫어하는 것, 감정, 실제 생활이 있는 실제 사람으로 인식할 가능성이 더 높다. 나는 이 게임을 성인 청중과 함께 사용하기도 한다.

학생에게 개인적으로 관심을 갖고 학생들이 좋아하는 것과 싫어하는 것을 알아보자. 교수자에게 가장 큰 행동적 도전을 주는 학생과 먼저 관계를 발전시킨 다음 나머지 학생들과 함께 수업을 진행한다. 학생이 수업에서 성공하는 데 관심이 있으며 학업 노력을 지원하기 위해 함께할 것임을 인식하도록 도와준다. 학생에게 큰 기대를 걸고 있으며 도전 과제를 해결하는 데 도움을 줄 수 있다는 사실을 알려주도록 한다.

각 학생의 은행 계좌에 인출액보다 입금액을 더 많이 친밀한 인간관계와 함께 감성 은행 계좌(Covey, 2020)의 원리를 연습하자. 이것은 강한 관계를 발전시키는 데 도움이 될 것이다. 또한 부모나 보호자에게 처음 연락할 때는 반드시 긍정적인 이유가 있어야 한다. 이것이 초기 입금이 될 것이다. 이렇게 하면 학기 후반에 부정적인 이유로 연락해야 하는 경우에도 최소한 은행에 약간의 돈이 남아 있을 것이다. 적절한 경우 기술을 활용하되 학생들과 대화하는 데 시간을 투자하자.

03 실행 계획

이 장의 서두에서 나온 "We Are Family"(Edward & Rogers, 1974)로 유명한 Sister Sledge 노래에 대한 논의를 떠올려보자. 우리가 친밀한 가족으로 남거나 개인적인 우정을 강화하려면 텔레비전 시청이나 소셜 미디어 사용과 같이 그다지 중요하지 않은 일들을 포기하는 것을 의미하더라도 시간과 노력이 필요하다. 노력할 만한 가치가 있을 것이다! 다음 실행 계획을 통해 보다 의미 있는 개인적 친분을 쌓을 수 있는 방법을 찾아보도록 한다.

| 친밀한 대인관계를 만들기 위한 실행 계획

가족, 친구, 학생들과 더 의미 있는 관계를 맺기 위한 계획은 무엇인가요?

권장 사항	현재 할 수 있는 것	노력해야 할 것
Amen(2018)의 11가지 관계 원칙을 사용하여 관계를 유지하세요.		
1. 관계에 대한 책임을 지고 관계를 개선하기 위해 개인적으로 할 수 있는 일이 무엇인지 살펴보세요.		
2. 관계를 당연한 것으로 여기지 말고 매일 소중한 사람들에게 사랑한다는 사실을 알리기 위해 노력하세요.		
3. 상대방을 비난하지 않고 상대방을 세워주어 관계를 보호하세요.		
4. 상대방의 의도나 동기에 대해 최악의 상황이 아닌 최선의 상황을 가정하세요.		
5. 관계에 활기를 더할 수 있는 새롭고 다양한 방법을 찾아보세요.		
6. 관계의 부정적인 측면이 아닌 긍정적인 측면에 주목하는데 시간을 할애하세요.		
7. 관계에 있는 다른 사람의 말을 경청하고 진정으로 이해하는 데 시간을 할애하세요.		
8. 신뢰 관계를 유지하고 보호하세요.		
9. 신뢰 관계를 유지하고 보호하세요.		
10. 관계를 우선순위에 두고 시간을 투자하세요.		
11. 행복한 교실 자체 접촉은 삶 자체에 매우 중요하므로, 신체적 접촉이 관계의 일부가 되도록 하세요.		

목표 및 참고 사항

권장 사항	현재 할 수 있는 것	노력해야 할 것
관계라는 약어를 사용하여 필수적인 관계를 발전시키세요.		
적극적인 경청을 연습하세요.		
다른 사람의 감정 은행 계좌에 입금하세요.		
시간을 잡아먹는 작업은 위임하거나 폐기하세요.		
사람보다 기술을 사용하는 시간을 제한하세요.		
긍정적이고 건강한 사람들을 찾아보세요.		
내가 가르치는 모든 학생과 관계를 발전시키세요.		
학생들에게 개인적인 관심을 가져주세요.		
목표 및 참고 사항		

09

영양

> ## 영양
>
> 영양을 공급하거나 영양을 공급받는 행위 또는 과정

Disney movie Beauty and the Beast(Trousdale & Wise, 1991)에서 미녀 Bell은 Alan Menken and Howard Ashman (1991)이 작곡하고 Angela Lansbury와 Jerry Orbach가 부른 "Be Our Guest"의 음악에 맞춰 야수의 성에 초대받아 식사를 한다.

이 장면에서는 접시, 컵 그리고 미녀와 야수를 위한 다양한 종류의 맛있는 프랑스 요리의 향연을 준비하기 위해 식당 곳곳에서 보기 좋은 음식들이 춤추고 노래한다. 식사가 화려할 것 같지만, 과연 이 음식이 Bell의 두뇌와 신체에 좋은 영영가를 제공할까? 이 장에서는 아홉 번째 장수 원리인 영양에 대해 살펴보자.

영양

01 건강한 교사

① 영양: 무엇을 해야 할까요?

COVID-19 이전 4년 만에 처음으로 미국의 기대 수명이 한 달 정도 증가했다. 미국 여성의 평균 기대 수명은 81.1세였고 남성의 평균 기대 수명은 76.2세였다(Stobbe, 2020). COVID-19로 인해 우리는 속한 인종에 따라 기대 수명이 1년에서 3년 사이로 줄어들었다.

COVID-19가 발생하기 훨씬 전인 2009년, 의사이자 *Eat This and Live!*("이걸 먹고 살아라!")의 저자인 Don Colbert(2019)는 현 세대가 앞으로 2년 안에 부모 세대의 기대 수명을 넘지 못하는 첫 번째 세대가 될 수 있다고 언급했다. 최근 Duke 대학교의 연구에서도 X 세대와 밀레니얼 세대의 기대 수명이 감소하고 있다는 사실이 밝혀졌다(Schlemmer, 2018). 콜버트는 왜 이런 과감한 예측을 하게 되었을까? 몇 가지 이유가 있다.

> "New England Journal"에 따르면 아동 비만이 증가하면 현 세대의 수명이 5년 단축될 수 있다고 한다.
>
> Colbert, 2009

---

1. "나는 건강에 해로운 음식을 먹고 자랐습니다."
2. "단순히 더 편리합니다."
3. "많이 먹을수록 음식에 대한 갈망이 더 커집니다."
4. "특정 시기의 호르몬은 나쁜 음식을 좋게 보이게 만들 수 있습니다."
5. "기분이 나아지려고 먹습니다."

첫째, 소비되는 음식의 양, 특히 건강에 해로운 음식의 양이 증가하고 있다. Colbert(2019)에 따르면 미국인은 평균적으로 매일 2kg의 음식을 섭취하며, 이는 일생 동안 70t의 음식이 소화기관을 통과하여 신체에 흡수된다는 것을 의미한다. 이 음식의 양은 중형 자동차 4대에 해당하는 양이다. 그는 수년 동안 많은 환자들이 건강에 해로운 음식 선택을 합리화하는 데 성공했다고 말한다. 이러한 이유 중 일부는 다음과 같다:

과일, 채소, 통곡물, 씨앗, 견과류와 같은 자연식품은 가공식품보다 항상 신체에 더 건강합니다

Colbert, 2009

현재 세대의 기대 수명이 짧아진 두 번째 이유는 많은 사람이 앉아서 생활하는 라이프 스타일을 채택했기 때문이다(Harvard Health Publishing, 2020b). 과거에는 사람들이 항상 건강에 좋은 음식을 먹지 않았기 때문에 육체 노동을 통해 칼로리를 소모했다. 육체 노동은 예전만큼 많지 않으며, 오늘날의 많은 청소년들은 텔레비전, 휴대폰, 컴퓨터, 태블릿 앞에 앉아 있는 시간이 더 많다(운동 부족과 그 해로운 영향에 대해 자세히 알아보려면 5장을 참조해보자).

가당 탄산음료나 과일 펀치를 하루에 한 캔만 마셔도 연간 최대 5파운드의 체중 증가가 발생할 수 있습니다.

Amen, 2018

② 뇌 연구가 말하는 것: 왜 해야 할까요?

(1) 살아있는 식품[6]의 이점

연구에 따르면 건강한 두뇌 발달을 위해서는 좋은 영양 섭취가 필요하며, 두뇌에 가장 좋은 식품은 살아있는 식품이다. 살아있는 식품, 즉 *divinely created wrappers called skins and peels*("겹질과 껍질이라는 신이 만든 포장지"(Colbert, 2009))에 담긴 식품은 건강하고 살아 있는 것처럼 보인다. 살아있는 식품은 화학적으로 강화되거나 표백되거나 정제

---

6)   살아있는 음식은 생과일, 채소 및 고기와 같은 원시 형태의 음식이다.

되지 않은 채로 뽑고, 짜고, 수확한 것이다. 살아있는 식품을 섭취하면 식품의 효소가 소화 효소 및 비타민, 항산화제, 미네랄, 섬유질과 같은 기타 천연 성분과 상호 작용하게 된다. 따라서 이러한 효소는 자연 상태 그대로 우리 몸에 들어온다.

반면에 죽은 음식[7]은 가능한 한 중독성이 강하고 가능한 한 오래 지속될 수 있도록 모든 조치를 취했다(Colbert, 2009). 마치 알아볼 수 없는 침입자처럼 우리 몸을 공격한다. 식품 첨가물, 전 처리제, 표백제와 같은 화학 물질은 실제로 간에 부담을 준다. 독성이 있는 인공 지방은 세포막에 형성되기 시작하여 체내에 지방으로 저장되고 동맥에 플라그를 형성한다. 신체는 이러한 식품에 있는 모든 영양소를 섭취하기 위해 최선을 다하지만, 결국 사람들은 과식, 영양 부족, 과체중을 겪게 된다(Colbert, 2009).

(2) 뇌와 장의 연결

건강한 두뇌 발달을 위해서는 좋은 영양 섭취도 필요하다. 뇌는 매우 까다로운 기관이다. 뇌는 몸무게의 2%에 불과하지만 신체의 다른 기관보다 8~10배 많은 포도당과 산소를 소비한다. 근육이나 간처럼 나중에 사용할 에너지를 저장할 능력이 없기 때문에 신체에 필요한 영양이 공급되지 않으면 뇌가 가장 먼저 영향을 받아 학습과 기억력이 모두 저하된다(Markowitz & Jensen, 2007).

장 또는 위장관은 뇌 건강에 가장 중요한 기관 중 하나입니다.

Amen, 2018

세계적으로 유명한 Amen 클리닉을 이끌고 있는 임상 신경과학자이자 정신과 의사, 뇌 영상 전문가인 Daniel Amen (2018)은 우리의 장이 뇌와 끊임없이 소통하고 있다고 지적한다. 우리가 흥분할 때 슬픔, 스트레스 또는 정서적 고통으로 인해 위장 장애가 발생할 수 있는 이유이다. 위장에는 인체 전체 세포 수의 10배에 달하는 약 100조 개의 미생물이 살고 있다. 이러한 미생물의 85%는 '좋은 미생물'이고 15%는 '나쁜 미생물'이다(Amen, 2018). 잘못된 식습관이나 과도한 항생제 복용으로 좋은 미생물이 부족해지면 스트레스나 우울증을 느낄 수 있다. 이러한 항생제는 일반적으로 의사가 처방하지 않지만 우리가 섭취하는 육류와 채소를 통해 섭취된다. 결국, 미국에서 사용되는 전체 항생제 중 70%는 사람이 아닌 가축을 위한 것이다. 따라서 가능하면 항생제를

---

7) 죽은 식품은 효소를 포함하지 않거나 포장 및 가공 제품과 같이 효소가 파괴되거나 제거된 모든 것이다.

사용하지 않고 풀을 먹이거나 방목하여 키운 고기를 섭취하는 것이 중요하다. 주의력 결핍/과잉 행동 장애(ADHD)에서 성인 정신 착란 및 우울증에 이르기까지 다양한 장애가 장내 세균의 불균형과 관련이 있는 것으로 밝혀졌다(Pennisi, 2019).

Amen(2018)에 따르면 건강한 장내 세균을 감소시키는 요인에는 다음과 같은 것들이 있다.

> ▸ 일부 약물
> ▸ 정제 설탕
> ▸ 인공 감미료
> ▸ 살균 화학 물질이 함유된 물
> ▸ 잔류 농약이 있는 식품
> ▸ 알코올
> ▸ 정서적, 환경적, 생리적 스트레스
> ▸ 방사선
> ▸ 고강도 운동(예: 마라톤 달리기)(Amen 2015)

(3) 두뇌를 건강하게 하는 식습관

〈*Change Your Brain, Change Your Life*(뇌를 바꾸면 인생이 바뀐다)〉의 저서 **Amen(2015)**은 뇌 건강에 좋은 식습관을 위한 9가지 규칙과 이 9가지 규칙에 부합하는 52가지 최고의 식품을 소개한다. 이러한 식품은 가능하면 유기농 식품을 선택하고 호르몬이 없고 항생제를 사용하지 않으며 방목하여 풀을 먹여 키운 식품을 선택하는 것이 좋다.

> 1. 양질의 칼로리를 섭취하되 너무 많이 섭취하지 말아라. 고품질 식품에는 채소 및 과일, 통곡물, 건강한 지방 및 단백질과 같이 정제되지 않고 최소한의 가공을 거친 식품이 포함된다.
> 2. 칼로리를 마시지 말고 물을 마시자.
> 3. 낮에는 양질의 저지방 단백질을 섭취하자.
> 4. 저혈당, 고섬유질 탄수화물을 섭취하자. 저혈당 식품에는 대부분의 과일과 채소, 콩, 저지방 유제품, 견과류, 곡물이 포함된다.
> 5. 식단에 건강한 지방을 포함하자. 지방이 함유되어 있지만 건강에 좋은 식품으로는 아보카도, 올리브 오일, 연어, 달걀, 견과류가 있다.

6. 무지개(다양한 색의 과일과 채소)를 먹자.

7. 이 장에 소개된 두뇌 건강에 좋은 허브와 향신료로 요리하여 두뇌 기능을 강화하자.

8. 음식은 최대한 청결하게 관리하자.

9. 기분, 에너지, 기억력, 체중, 혈압, 혈당, 피부에 문제를 일으킬 수 있는 음식을 제거하여라.
   여기에는 밀 및 기타 글루텐 함유 식품이나 곡물(콩, 옥수수), 유제품이 포함될 수 있다.

또한 다음과 같은 "두뇌 슈퍼푸드"를 식단에 포함하여라(Amen, 2015). 이러한 식품은 두뇌가 최적의 수준으로 작동할 수 있도록 도와주는 식품이다.

견과류 및 씨앗류: 아몬드, 브라질너트, 캐슈넛, 대마, 참깨, 호두

과일: 사과, 아보카도, 블랙베리, 블루베리, 체리, 자몽, 키, 석류

채소: 아스파라거스, 피망, 비트, 브로콜리, 양배추, 마늘, 케일, 부추, 양파, 시금치, 고구마

가금류 및 생선: 닭고기 또는 칠면조, 달걀, 양고기, 연어, 정어리

52가지 두뇌 슈퍼푸드에 대한 전체 목록은 Amen(2015)의 책 Change Your Brain, Change Your Life를 참조해보자.

(4) 물의 가치

뇌는 80%가 수분으로 이루어져 있다. Amenn(2015)에 따르면 2%만 탈수되어도 문제가 되는데, 이 소량의 탈수는 기억력, 주의력 또는 신체적 수행 능력이 필요한 작업을 수행하는 신체 능력에 부정적인 영향을 미치기 때문이라고 한다. 그는 하루에 물 8잔을 마실 것을 권장한다. 그러나 타이밍이 가장 중요하다! 식사 30분 전에 물을 마시면 식사량을 줄이면서도 포만감을 느낄 수 있다. 하지만 식사와 함께 물을 마시면 위산이 희석되어 소화가 느려질 수 있다. 알코올, 카페인이 함유된 커피나 차, 기타 이뇨제와 같이 수분을 빼앗는 액체는 적당히 섭취해야 한다.

③ **실행 단계: 어떻게 해야 할까요?**

전략 1 균형 잡힌 하루 세 끼 식사하기

섬유질이 풍부하고 건강하며 균형 잡힌 하루 세 끼 식사와 오후 중반에 건강한 간식을 섭취하면 다른 건강에 해로운 음식에 대한 욕구를 억제하는 데 도움이 된다. 어

떤 음식이 최고의 영양을 제공하는지에 대한 자세한 정보는 두뇌 슈퍼푸드 목록을 참조해보자. 올바른 음식을 선택하고 제때에 먹는 것만으로도 배고픔을 조절하고 혈당을 안정시킬 수 있다.

2,000개 이상의 연구에서 저칼로리 최적 영양 식단이 수명을 30~50% 연장할 수 있다는 사실을 뒷받침하고 있습니다.

Colbert, 2009

전략 2 조미료 맛 개선하기

음식에 조미료를 첨가하면 맛의 질을 향상시킬 수 있다. Amen(2018)은 다음과 같은 음식 조미료가 두뇌와 신체 모두에 매우 중요하다고 생각하여 부엌 찬장이 아닌 약장에 보관해야 한다고 말한다.

바질	육두구
후추	오레가노
카이엔 고추	파슬리
시나몬	로즈마리
정향[8]	사프란
마늘	sage
생강	타임
마조람[9]	강황
민트	

---

8) 향신료의 일종. 인도네시아 말루쿠 제도가 원산지인 나무이며, 향신료로 쓰이는 부분은 꽃봉오리. 생긴 것부터 냄새까지 못과 비슷하기 때문에 정향(丁香)이라는 이름이 붙었다.
9) 달콤한 소나무와 감귤 향이 나는 추위에 민감한 다년생 허브

전략 3 더 건강한 대안 고려하기

건강에 해로운 음식을 먹고 싶을 때는 더 건강한 대안을 생각해보자. Amen(2009)은 아이스크림 대신 냉동 요거트를, 구운 감자 칩이나 French onion dip 대신 신선한 살사를 먹으라고 제안한다. 일부 선택은 어렵게 느껴지거나 맛이나 만족감을 빼앗기는 것처럼 느껴질 수 있다. 하지만 이러한 선택은 더 건강한 라이프 스타일을 향한 올바른 방향으로 나아가는 데 도움이 된다는 점을 명심하자.

전략 4 식사량 조절하기

많은 식당에서 1인분 제공량이 늘어나면서 사람들이 접시에 담긴 음식을 모두 다 먹어야 한다는 강박감을 느끼는 경우가 많다는 것을 알게 되었다. 외식을 하거나 집에서 요리할 때는 작은 접시에 먹을 음식의 일부를 담고 나머지는 남은 음식으로 포장하여 나중에 먹도록 하자.

전략 5 Daniel 계획 실천하기

베스트셀러인 *"The Daniel Plan: 40 Days to a Healthier Life"*이라는 책에서 목사 Rick Warren과 피트니스 및 의학 전문가인 Daniel Amen과 Mark Hyman(2020)은 독자들에게 전반적인 건강을 위한 계획을 소개한다. ***Daniel Plan***에는 매일 건강한 식사를 위해 사용할 수 있는 쉬운 지침이 포함되어 있다. 건강한 탄수화물, 단백질, 지방, 치유 향신료, 음료, 슈퍼푸드의 핵심 식품군에 초점을 맞추고 있으며 다음과 같은 비율로 구성되어 있다.

1. 녹말이 없는 채소 50%
2. 건강한 동물성 또는 식물성 단백질 25% 함유
3. 건강한 전분 또는 통곡물 25% 함유
4. 저혈당 과일의 장점
5. 물 또는 허브차 마시기

물의 이점은 무수히 많다. 책의 앞부분에서 언급했듯이 내 남편은 신장이식 수혜자이다. 남편이 병원을 방문할 때마다 의사가 남편의 신장과 신체에 가장 큰 도움이 될 것이라고 일관되게 강조하는 한 가지 사항은 바로 물 섭취이다. 사람들은 하루에 85g 짜리 물 8~10잔을 섭취하는 것이 좋다(Gunnars, 2020; Mayo Clinic Staff, 2020). 따라서 어디를 가든 물 한 병을 가지고 다니며 편할 때마다 마셔보자. 물을 마시면 당분이 많은 음료처럼 건강에 해롭지 않으면서도 배고픔을 막아주고 포만감을 느낄 수 있다. 식사 30분 전에 물을 마시면 포만감을 느끼는 데 도움이 되지만 식사 중에 물을 마시면 소화가 느려질 수 있다.

전략 7 집중력 분산하기

과도한 스트레스로 인해 과식의 유혹을 받는다면 다른 스트레스 해소 활동을 시도해보자. 예를 들면 스트레스를 완화하는 신경전달물질인 세로토닌은 산책을 통해 생성될 수 있으며, 칼로리를 소모하는 효과도 있다. 가까운 친척이나 친구와 연락하여 고민을 털어놓는 것도 스트레스 완화에 큰 도움이 될 수 있다. 과식하지 않고도 세로토닌과 같은 뇌의 긍정적인 신경전달 물질 수치를 높일 수 있는 다른 방법은 이 책의 다른 장을 참조하자.

02 행복한 교실

이 장의 지침을 따르면 하루종일 최고의 교사가 될 수 있는 체력을 유지하는 데 도움이 된다. 여러분이 더 건강하고 기분이 좋아질수록 학생들도 더 행복해질 것이다. 영양이 부족한 상태로 수업에 참여할 수 있는 학생을 주의해라. Maslow의 욕구위계이론에 따르면 음식에 대한 생리적 욕구가 충족되어야 자존감이나 자아실현이라는 더 높은 수준의 욕구를 충족시킬 수 있다(MasterClass Staff, 2020). 학교에서 학생들에게 아침식사나 건강 간식을 제공하지 않는 경우, 배고픈 상태로 수업에 오는 학생들을 위해 지역 상인들이 간식이나 과일을 기부할 의향이 있는지 학교 행정실에 문의하도록 한다. 학생들에게 학교에 오기 전에 건강한 아침 식사를 하고 간식 및 기타 식사를 더 건강하게 선택해야 한다는 점을 강조하도록 하자.

03 실행 계획

이 장의 시작 부분에서 언급했던 애니메이션 영화 미녀와 야수에서 Bell이 "우리의 손님이 되어 주세요"라는 초대에 대한 이야기를 생각해보자. Bell이 영양가 있는 프랑스 음식을 먹었는지 확신할 수는 없지만, 여러분은 개인 건강과 관련하여 더 나은 결정을 내릴 가능성을 높이고 학생들이 더 나은 결정을 내리는 데 필요한 지식을 갖추게 할 수 있다. 다음 단계를 결정하려면 다음 단계 실행 계획을 사용하도록 한다. 속담에 *You are what you eat!*(당신이 먹는 것이 곧 당신이다.)라는 말이 있다!

| 영양 개선을 위한 실행 계획

영양을 개선하기 위한 계획은 무엇이 있을까 ?

식습관과 학생들의 영양 지식에 대해 어떻게 생각할 수 있을까 ?

권장 사항	현재 할 수 있는 것	노력해야 할 것
하루에 세 끼를 먹습니다.		
건강하고 균형 잡힌 식단을 섭취합니다.		
단 음식을 먹지 않습니다.		
식단에 섬유질을 추가합니다.		
조미료로 음식의 풍미를 더하세요.		
식사량을 조절합니다.		
물을 더 많이 섭취하세요.		
걷기, 친구와의 대화 등 과식을 방해할 수 있는 방법을 활용하세요.		
건강한 간식이 필요한 학생들을 위해 간식을 확보하세요.		
학생들에게 건강한 음식을 선택할 수 있도록 지도하세요.		

목표 및 참고 사항

10

수면

> ## 수면
>
> 눈을 감고 의식이 없는 자연스러운 휴식 상태

"The Lion Sleeps Tonight"("사자는 오늘 밤에 잠든다")는 원래 Zulu 로 작곡된 노래로 1939년 Solomon Linda와 그의 그룹인 The Evening Birds(Connor, 2018)의 노래이다.

Tokens가 부르고 1961년에 발매된 영어 버전이 가장 유명한 버전이 다(Linda, Peretti, Creatori, Weiss, & Stanton, 1961).

이 노래에서 화자는 사자가 잠을 자고 있다는 약속으로 듣는 사람을 진정시킨다. 하지만 사자는 대부분의 사냥을 밤에 한다.

뇌 연구에 따르면 잠을 자야 하는 인간은 밤에 활동하기 어렵다. 수면 은 장수를 위한 열 번째 원리이며 이 장에서 살펴보자.

┌─── 원리 10 ───┐

수면

01 건강한 교사

(1) 수면: 무엇을 해야 할까요?

　나는 사람들이 잠을 거의 자지 않아도 된다고 자랑하는 것을 항상 듣는다. 사람들은 잠을 많이 자지 않아도 된다고 생각할지 모르지만, 사실 인간은 최적의 건강을 위해 어느 정도의 수면이 필요하다. 나는 특히 다음 날 교육자들에게 중요한 프레젠테이션을 해야 하는 경우, 하루에 7~9시간의 수면을 취하는 것에 자부심을 가지고 있다. 하지만 제시간에 맞춰 호텔 방에 들어가지 못해서 다음 날 5시간 이하의 수면으로 프레젠테이션을 해야 했던 적도 있었다. 청중들이 눈치채지 못했으면 좋겠지만, 나는 잠을 충분히 자지 못하면 바로 알 수 있다. 평상시처럼 명료한 사고력을 발휘하지 못한다. 또한 오후가 되면 피곤하고 지친 기분이 든다.

　잠을 자는 동안 우리는 수면 단계의 주기를 거치게 되는데, 각 주기는 대략 90~110분 동안 지속되며 하룻밤에 4~6회 반복된다. 이러한 단계가 균형을 이룰 때 수면은 편안하고 회복력이 높아진다. Mayo Clinic(2020a)에 따르면 수면 단계는 다음과 같다:

N1 과도기적 수면:

이 단계는 깨어 있는 상태에서 잠이 드는 단계로 전환되는 5분간입니다.
뇌파와 근육 활동이 느려지고 눈꺼풀 아래에서 눈이 천천히 움직입니다.

N2 얕은 수면:

진정한 수면의 첫 단계인 이 단계에서는 눈의 움직임이 멈추고 심박수가 느려지며
체온이 감소합니다.

N3 깊은 수면:

뇌파가 극도로 느려지고 호흡이 느려지며 혈압이 떨어져 잠에서 깨어나기 어렵습니다.

REM수면:

대부분의 꿈은 이 단계에서 발생합니다.

눈꺼풀 아래에서 눈이 빠르게 움직이고 혈압과 심박수가 증가합니다.

팔과 다리 근육이 일시적으로 마비됩니다.

나는 뇌에 대한 연구를 시작하고 나서야 숙면이 얼마나 중요한지 알게 되었다. 수면 요구량은 개인의 나이, 생활 방식, 환경, 유전적 요인에 따라 다르지만, 과학에 따르면 하루에 7시간을 자는 사람이 더 건강하고 오래 사는 경향이 있다고 한다(Parker-Pope, 2020). 국립 수면 재단(Parker-Pope, 2020)에 따르면 평균 성인에게 필요한 수면 시간은 7~9시간이다. 사실, 일부 기억은 뇌가 최소 6시간 이상 수면을 취한 후에만 통합된다. 50세에서 60세 사이에는 수면-각성 주기가 변화하기 시작한다. 얕은 잠에 더 많은 시간을 보내고 깊은 잠에 더 적은 시간을 보내기 때문에 수면하여도 상쾌하지 않다.

하룻밤에 5시간 미만 또는 9시간 이상 수면을 취하면 뇌졸중이나 심장 병의 위험이 높아질 수 있습니다.

Mayo Clinic, 2020a

7시간 미만의 수면은 비만, 심장병, 우울증, 면역 기능 장애 등 다양한 건강 문제와 관련이 있다(Parker- Pope, 2020). 안타깝게도 많은 성인이 충분한 수면을 취하지 못하고 있다. 미국 성인을 대상으로 한 연구에 따르면 약 30%가 대부분의 밤에 6시간 미만으로 수면을 취한다고 한다(Pullen, 2017). 청소년의 경우는 더 심각하다. 대부분의 청소년은 매일 약 9시간의 수면이 필요하지만 실제로 이 정도의 수면을 취하는 청소년은 극소수에 불과하다. 이른 아침 등교 시간, 운동 및 사교 행사, 학업, 오후와 저녁의 텔레비전 및 비디오 게임으로 인해 많은 청소년에게 수면은 우선순위가 되지 않는다. 청소년의 평균 수면 시간은 5~6시간에 가까운 것으로 나타났다.

② **뇌 연구가 말하는 것: 왜 해야 할까요?**

연구에 따르면 수면은 신체 건강, 두뇌 기능, 건강한 체중 유지에 중요하다.

(1) 수면 및 신체 건강

수면이 부족하면 노화 과정의 일부가 가속화된다. 예를 들어, 한 연구에 따르면 6일 연속 4시간만 수면을 취한 30세의 경우 60세와 유사한 신체 화학 반응을 보였다. 회복할 시간이 주어졌음에도 불구하고 신체가 30세의 시스템으로 되돌아가는 데는 약 일주일이 걸렸다(Medina, 2014).

서머타임이 시작되면 뇌졸중이나 심장마비 발생률이 높아집니다.

American Heart Association News, 2018

매년 봄에 서머타임이 돌아오면 혈압, 체온, 호르몬, 혈당 대사, 기억력 강화와 같은 신체 내부 리듬이 교란되어 자동차의 벨트, 기어, 피스톤 및 기타 부품이 교란되었을 때 조절해야 하는 것과 유사하게 재설정이 필요하다(American Heart Association News, 2018).

스웨덴 연구진은 시간 변경 후 3일 동안 심장마비 위험이 평균 6.7% 증가한다는 사실을 발견했다. 미국 연구자들은 시간 변경 다음 월요일에 심장마비 위험이 24% 증가했다고 밝혔다. 이 비율은 나머지 주 동안 감소했다(American Heart Association News, 2018). 반대로 가을에 수면 시간을 1시간 늘린 다음 화요일에는 심장마비 위험이 21% 감소했다.

The University of Arizona in Tucson의 수면 및 건강 연구 프로그램 책임자인 Grandner (American Heart Association News, 2018)에 따르면, 이러한 통계는 주로 심장마비의 위험 요인(당뇨병, 고혈압 등)이 이미 있는 사람에게 적용되지만, 시간 변화에 따른 신체의 일주기 리듬(또는 내부 시계)의 혼란과 함께 이러한 요인들이 신체 전체에 불균형을 초래할 수 있다고 한다.

건강한 면역 체계는 감기와 싸우는 데 도움이 될 수 있다. 수면이 부족한 면역 체계는 그렇지 못하다. 또한 수면 중에는 뇌세포 사이의 공간이 넓어져 많은 독소가 뇌에서 제거될 수 있다. 연구에 따르면 충분한 수면을 취하지 않으면 독소가 축적되어 알츠하이머병이나 파킨슨병과 같은 질병과 관련이 있을 수 있다고 한다(National Institutes of Health, 2013).

수면 부족은 주의력, 실행 기능, 즉각 기억, 작업 기억, 기분, 정량적 기술, 논리적 추론 능력 및 일반적인 수학 지식을 손상시킵니다.

Medina, 2008

잠재적으로 심각한 수면 장애인 수면 무호흡증은 밤에 호흡이 반복적으로 멈췄다가 다시 시작되는 증상을 유발할 수 있다. 폐쇄성 수면 무호흡증이 가장 흔하며 수면 중에 인후 근육이 이완되어 기도를 막을 때 발생한다. 수면 코골이는 이러한 유형의 수면 무호흡증의 눈에 띄는 징후일 수 있다. 수면 무호흡증 증상이 경미한 경우 체중 감량, 운동, 알코올 및 특정 약물 피하기, 엎드려 자지 않기, 식염수 비강 스프레이나 린스로 비강을 열어두기 등의 방법으로 치료할 수 있다(Mayo Clinic, 2020a). 더 심한 형태의 치료에는 수술이나 기도를 열어두거나 아래턱을 앞으로 이동시키는 장치 삽입이 포함될 수 있다.

(2) 수면과 인지능력

Sousa(2012)에 따르면 뇌는 깨어 있을 때보다 잠을 잘 때 약 20% 더 활동적이라고 한다. 연구에 따르면 낮에 더 많은 학습을 할수록 밤에 더 많은 꿈을 꾸는 것으로 나타났다(Markowitz & Jensen, 2007). 뇌가 낮에 학습한 정보를 처리하는 것은 꿈, 즉 렘(REM, 급속 안구 운동) 단계이다. 이 기간은 전체 수면 시간의 약 25%를 차지한다. 뇌는 기존 기억을 다음 날 쉽게 사용할 수 있도록 저장하는 한편, 장기기억에 저장해야 할 내용을 결정한다. 장기 기억을 처리하는 데 중요한 대뇌 피질 부분은 렘수면 기간 동안 매우 활발하게 활동한다(Markowitz & Jensen, 2007). 재부팅을 통해 컴퓨터 메모리에서 불량하거나 쓸모없는 데이터를 지울 수 있는 것처럼, 렘수면 중에는 불필요한 정보가 제거되고 신경망의 숙련도가 증가한다. 실제로 학습해야 할 내용이 복잡하고 어려울수록 학습하고 기억하는 데 수면이 더 중요하다.

감정적인 기억과 비감정적인 기억이 모두 있는 경우, 수면 중에 감정적인 기억은 유지되고 비감정적인 기억은 사라진다는 사실은 매우 흥미롭다. 이것은 확실히 교사가 학생들이 학습에 감정적으로 참여하도록 유도하고 그 감정을 스스로 모델링해야 할 필요성에 대한 사례를 만든다. 결국, 교사 자신이 수학에 흥미를 느끼지 않는데 어떻게 학생들이 수학에 흥미를 갖도록 할 수 있을까?

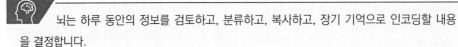

뇌는 하루 동안의 정보를 검토하고, 분류하고, 복사하고, 장기 기억으로 인코딩할 내용을 결정합니다.

Sousa, 2012

또한 수면 시간의 마지막 1/3(보통 오전 3시에서 6시 사이)에 해마가 대뇌 피질에서 보낸 학습 내용을 연습하는 시간도 있다. 이 중요한 시간에는 뇌의 어떤 기억이 강화되고 어떤 기억이 약화되는지 결정될 수 있다.

(3) 수면 및 체중 감소

워크숍에서 쉬는 시간에 한 선생님이 이 이야기를 들려주셨는데, 나는 이 이야기를 잊을 수 없다. 그녀의 극심한 체중 증가는 심각한 건강 문제를 야기했고, 그녀와 함께 일하는 의사는 45kg의 체중 감량 목표를 세웠다. 집중적인 식이 요법과 운동 프로그램을 통해 35kg를 감량했지만, 더 이상 감량할 수 없을 것 같은 정체에 도달했다.

아무리 노력해도 살이 더 이상 빠지지 않았다. 의사와 대화를 나누던 중 의사는 "밤에 잠을 얼마나 주무시나요?"라고 물었다. 그녀는 밤에 평균 5~6시간 정도 잔다고 대답했다. 그녀와 의사는 야간 수면 시간을 최소 7시간으로 늘리기 위한 계획을 세웠다. 마르시아는 "몇 시간의 추가 수면 시간이 체중 감량에 얼마나 큰 영향을 미쳤는지 아직도 놀랍다."라고 말한다. 대화를 나누던 당시 그녀는 체중 감량 목표(45kg)를 달성한 상태였다.

충분한 수면을 취하는 것만으로도 체중 감량에 긍정적인 영향을 미칠 수 있다. 연구에 따르면 수면이 부족한 사람들은 식욕이 증가한다고 보고한다(Pullen, 2017; WebMD, 2020).

왜 이런 현상이 나타날까? 이러한 현상은 수면이 *ghrelin* 과 *leptin*이라는 두 가지 공복 호르몬에 미치는 영향 때문일 수 있다. *ghrelin*은 위장에서 분비되어 뇌에 배가 고프다는 신호를 보낸다. *leptin*은 지방 세포에서 분비되어 위가 가득 찼다는 신호를 뇌에 보낸다. 불충분한 수면은 신체가 *ghrelin*을 더 많이 만들고 *leptin*을 덜 만들도록 신호하여 식욕을 증가시킨다.

수면 부족은 또한 의사 결정을 제어하고 보상 중추를 자극하는 뇌의 전두엽 활동을 둔화시켜 칼로리, 지방, 탄수화물이 많은 음식에 더 취약하게 만들 수 있다.

신체가 완전히 휴식 중일 때 소모하는 칼로리인 신체의 휴식 대사율(RMR)은 나이, 체중, 키, 성별, 근육량에 따라 영향을 받는다. 수면 부족은 근육량뿐만 아니라 RMR도 낮출 수 있다.

수면이 부족하면 *cortisol*(코르티솔)이라는 스트레스 호르몬이 신체에 신호를 보내 깨어 있는 시간 동안 연료로 필요한 에너지를 절약하도록 한다. 따라서 신체는 체지방에 매달릴 가능성이 더 높다. 다이어트하는 사람들이 14일 동안 수면 시간을 줄였을 때, 섭취 칼로리의 감소가 없더라도 지방으로 인한 체중 감소량이 55% 감소한 것으로 나타났다(WebMD, 2020).

수면 부족은 세포가 인슐린에 저항성을 갖게 할 수 있습니다. 이러한 저항성은 체중 증가와 제2형 당뇨병의 전조가 될 수 있습니다.

Grandner, Seixas, Shetty, & Shenoy, 2016

세포가 인슐린에 내성이 생기면 당이 혈류에 남아 있고 신체는 이를 보상하기 위해 인슐린을 추가로 생산한다. 이렇게 증가된 인슐린은 사람을 더 배고프게 만들고 뇌에 추가 칼로리를 지방으로 저장하라고 알려준다. 짧은 수면 시간이 길어지면 성인의 경우 비만 가능성이 55%, 어린이의 경우 89% 증가한다(Pullen, 2017).

③ 실행 단계: 어떻게 해야 할까요?

전략 1 수면 일기 쓰기

자신에게 이상적인 수면 시간을 결정하는 데 어려움이 있다면 Parker- Pope(2020)는 다음 가이드라인에 따라 일주일 동안 수면 일기를 작성할 것을 제안한다.

2,000개 이상의 연구에서 저칼로리 최적 영양 식단이 수명을 30~50% 연장할 수 있다는 사실을 뒷받침하고 있습니다.

Colbert, 2009

1) 잠자리에 드는 시간과 일어나는 시간을 기록하세요.

2) 총 수면 시간을 확인합니다. 낮잠을 잤는지 또는 밤에 잠에서 깼는지 여부를 기록해 두세요.

3) 아침에 느끼는 개인적인 감정(상쾌함, 피곤함 등)을 기록해 두세요.

Parker-Pope(2020)는 또한 신체에 필요한 수면 시간을 결정하기 위해 이 휴가 실험을 제안한다. 아침에 잠을 자지 않는 2주간을 선택해보자. 전날 밤 알람 시계를 끄도록 한다. 그런 다음 2주 동안 매일 밤 같은 취침 시간을 정하고 아침에 일어나는 시간을 기록한다. 자연스럽게 잠에서 깨어나도록 허용하다 보면 매일 밤 신체에 필요한 수면 시간에 대한 패턴이 나타날 수 있다. 이를 통해 알람 시계 없이도 스스로 일어날 수 있는 충분한 수면을 취할 수 있는 취침 시간을 결정하는 데 도움이 된다.

전략 2 루틴 설정하기

어린이뿐만 아니라 성인에게도 규칙적인 취침 시간이 필요하다. 성인도 일관된 취침 및 기상 일정을 정하고 주말에도 이를 지켜야 한다. 취침 시간이 가까워지면 격렬한 활동을 모두 중단하고 매일 밤 같은 방법으로 잠자리에 들 준비를 하는 것이 중요한데, 이는 신체가 휴식을 취하고 뇌가 수면을 취할 수 있도록 준비하기 때문이다. 잠자리에 들기 전에 독서, 명상, 요가, 일기 쓰기등 휴식을 촉진하는 활동을 선택해보자.

전략 3 서머타임에 적응하기

서머타임으로 전환(springing for- ward)하기 약 일주일 전에는 손실된 시간을 보충하기 위해 평소 취침 시간보다 15분에서 30분 정도 일찍 잠자리에 드는 것이 좋다(Cleveland Clinic, 2020).

그렇지 않으면 전환기 동안 식사, 운동, 사교 활동, 취침 일정을 일관되게 유지해야 한다. 낮잠을 길게 자고 싶은 유혹이 있지만, 밤에 숙면을 취하기가 더 어려워질 수 있으므로 피해야 한다.

전략 4 편안한 휴식 취하기

어떤 침대에서 잠을 자느냐에 따라 여행의 즐거움이 확연히 달라질 수 있다. 따라서 매트리스와 침대 스프링을 신중하게 선택하는 것이 중요하다. 선호하는 매트리스 브랜드나 유형에 관계없이 편안한 수면을 취하는 것이 중요하다. 대부분의 의사는 수면에 가장 편안한 온도 15~19℃로 수면 온도를 권장한다(Pacheco & Wright, 2021).

전략 5 운동 및 활동 유지하기

운동과 활동은 숙면을 취하는 데 도움이 될 수 있다. 매일 최소 30분 이상 격렬한 운동을 하되, 잠자리에 들기 최소 5~6시간 전에는 운동을 해야 활력이 넘친다. 취침 시간에 너무 가까운 시간에 격렬한 활동을 하면 신체가 각성 상태를 유지할 수 있다.

전략 6 취침 전 음식물 섭취 주의하기

잠자리에 들기 4~6시간 전에는 커피와 차, 탄산음료, 에너지 드링크, 초콜릿 등 카페인이 함유된 음료를 섭취하지 말아야 한다. 또한 밤늦은 시간에는 숙면을 방해할 수 있으므로 음주를 피하는 것이 좋다. 카페인과 알코올은 숙면을 취하기 어렵게 만들 수 있다. 취침 전에 수분을 너무 많이 섭취하는 것도 수면 장애를 일으킬 수 있다. 우리 모두는 밤에 화장실에 가는 데 너무 많은 시간을 소비한 경험이 있다.

공복에 취침하지 말아야 한다. 잠자리에 들기 최소 2~3시간 전에 식사를 모두 마친다. 저녁 늦게 너무 많이 먹으면 소화불량과 위장 문제가 발생하여 계속 깨어 있을 수 있다. 취침 전 간식은 소량만 섭취하도록 한다.

전략 7 스마트 기기 내려놓기

많은 사람들, 특히 청소년들은 스마트 기기를 가까이하지 않으면 삶이 끝날 것 같다고 생각한다. 따라서 휴대폰, 태블릿 및 컴퓨터는 침대에서 사람과 함께 눈에 잘 띄는 위치를 차지한다. 그러나 전자기기의 고강도 빛은 뇌를 자극하고 졸음을 유발하는 호르몬인 멜라토닌의 생성을 방해한다. 밤의 블루라이트 신체의 생체 시계를 교란시켜 당뇨병, 심장병, 암, 비만 등을 유발할 수 있다(Harvard Health Publishing, 2020a). 텔레비전도 꺼야 하며, 잠자리에 들기 전에는 긴장감을 유발하지 않는 독서 자료를 선택해야 한다. 아침 알람을 설정한 후에는 유혹을 피하기 위해 기기를 숨긴다. 밤에 잠에서 깰 경우 걱정을 부추길 수 있는 시간을 보내지 않는 것을 추천한다.

전략 8 취침 전 걱정 제거하기

어떤 사람들은 잠자리에 들 때 뇌를 끄기가 너무 어렵다. The Mayo Clinic (2020a)에서는 잠자리에 들 때 걱정거리가 뇌에 부담을 주지 않도록 낮에 걱정거리를 해결하는 시간을 계획할 것을 제안한다. 호흡 운동, 요가, 기도 또는 따뜻한 목욕은 수면을 위해 몸을 준비하는 데 권장되는 활동이다.

전략 9 잠자기 시도 중지하기

잠들기 힘들다면 잠을 자려고 노력하는 것을 그만두어라. 더 열심히 노력할수록 더 많이 깨어날 수 있다는 것을 알게 될 것이다(Mayo Clinic, 2020a). 침대에서 일어나 차분한 음악을 듣거나 졸릴 때까지 책을 읽는 다음 다시 침대로 들어가자.

02 행복한 교실

하루 7~9시간의 수면을 취하는 것이 매일 최고의 교사가 될 수 있는 가장 좋은 기회이므로 이를 위해 노력하자. 결국, 학생들의 학업 성취도에 가장 큰 차이를 만드는 것은 교사이다.

학생들도 똑같이 하도록 한다. 하지만 학생들은 여러분보다 더 많은 수면이 필요하다. 6~12세 학생은 24시간당 약 9~12시간의 수면이 적당하다. 13세에서 18세 학생은 24시간당 8~10시간이 필요한 것으로 보인다(Centers for Disease Control and Prevention, 2020). 학생들에게 적절한 수면이 중요한 이유에 대한 뇌 과학적 근거를 알려주도록 한다. 학생들에게 낮에 가르친 내용의 대부분은 잠자는 동안 처리하게 될 것이라고 꼭 알려주어라. 또한 신체가 스스로 치유되거나 회복되는 것은 수면 중이라는 것을 알아야한다. 이것이 바로 수면이 필수적인 두 가지 중요한 이유이다. Brown 대학교의 Mary Carskadon(2011)은 청소년의 수면 패턴을 이해하는 전문가이다. 그녀는 고등학생의 대다수가 수면 부족을 겪고 있으며, 그 결과 20%가 수업 중에 잠이 든다는 사실을 발견했다. 수면이 부족하면 대부분의 학생이 학습과 기억력이 떨어지고 감정 조절이 더욱 어려워진다(Carskadon, 2011). 문제를 더욱 복잡하게 만드는 것은 대부분의 중학교의 이른 시작 시간이다. 고등학교는 초등학교보다 아침 늦게 수업을 시작해야 하지만 대부분의 학교 시스템이 그렇게 운영되지는 않는다.

학생에게 학생용 수면 체크리스트를 작성하게 하여 개인의 수면 습관을 평가하게 한다. 이 체크리스트의 양식은 중학교와 고등학교에 적합하다.

초등학생의 경우 체크리스트의 각 항목을 소리내어 읽어주고, 학생들은 웃는 얼굴에는 예, 찡그린 얼굴에는 아니오로 색칠한다.

연구에 따르면 수면 중에는 감정적 기억이 유지되고 비감정적 기억은 사라질 가능성이 높다는 사실을 이제 알았으니 열정과 열정을 가지고 가르치는 것이 좋다. 콘텐츠에 대한 여러분의 사랑은 전염될 것이고 학생들은 그 물결을 따라잡을 것이다. 세 자녀가 학교에 다닐 때 나는 매년 아이들에게 가장 좋아하는 과목이 무엇인지 물어보곤 했다. 어떤 선생님을 가장 좋아하느냐에 따라 항상 바뀌었다. 어느 해에는 딸 Jessica가 Edgar Allan Poe가 쓴 모든 책을 읽고 있는 것을 발견했다. 이유를 물었더니 Poe는 Williams 부인이 가장 좋아하는 작가라고 답했다. Williams 부인은 Jessica의 영어 선생님이었고, Jessica는 Williams 부인을 좋아했다. 학업 성취도를 높이고 싶다면 학생들이 잠을 자는 동안에도 내용이 장기 기억에 저장될 수 있도록 감성을 담아 교육하자.

03 실행 계획

이 장의 시작 부분에서 나온 "The Lion Sleeps Tonight"("사자는 오늘 밤에 잠든다")라는 노래에 대한 논의를 떠올려 보자. 동물계의 구성원들은 수면을 소중히 여기는데, 동면 중에 5개월 이상 잠을 자는 곰도 있으며, 인간도 마찬가지이다. 많은 사람들이 바쁠 때 수면은 대수롭지 않게 여기고 스트레스는 숙면에 큰 영향을 미칠 수 있다. 나는 뇌 연구를 깊이 파고들기 전까지는 수면이 건강과 장수(Well-being)에 얼마나 중요한지 깨닫지 못했다. 다음 학생용 수면 체크리스트 및 실행 계획 을 사용하여 자신과 학생의 수면 습관을 개선해보자.

| 학생을 위한 수면 체크리스트

학생을 위한 수면 체크리스트			
매일 하는 일에 따라 다음 문항에 응답해 주세요.			
집에서	**절대로**	**때때로**	**항상**
취침 전 몇 시간 동안은 음식을 먹거나 마시지 않습니다.			
매일 밤 같은 시간에 잠자리에 듭니다.			
수면 중에는 빛 노출을 제한합니다.			
수면 직전이나 수면 시간에는 기기를 사용하지 않습니다.			
잠들기 어렵습니다.			
매일 권장 수면 시간을 채우고 있습니다. 6~12세 (9~12 시간 권장) 13~18세 (8~10 시간 권장)			
주말에도 매일 아침 같은 시간에 일어납니다.			
나는 매일 아침 누가 깨우지 않아도 혼자서 일어납니다.			
학교에서	**절대로**	**때때로**	**항상**
아침 수업 중에 졸립니다.			
오후 수업 중에 졸립니다.			
수업 내내 집중력이 높아집니다.			
하루 종일 피곤한 기색없이 학교를 다닐 수 있습니다.			
전날 배운 내용을 대부분 기억할 수 있습니다.			

| 수면 개선을 위한 실행 계획 습관

학생들의 수면 습관을 개선하도록 돕기 위한 계획은 무엇인가요?

권장 사항	현재 할 수 있는 것	노력해야 할 것
수면 일기를 작성하세요.		
수면 루틴을 정하세요.		
매일 7~9시간 수면을 취하도록 노력합니다.		
취침 전에 무엇을 먹거나 마시는지 주의하세요.		
잠자리에 들기 5~6시간 전에 운동하세요.		
취침 시간에는 스마트 기기를 치워두세요.		
잠자리에 들기 전에 걱정거리를 해결하세요.		
서머타임에 맞게 조정하세요.		
학생들에게 수면 체크리스트를 작성하게 합니다.		
학생들이 수면 중에도 수업 내용을 기억할 수 있도록 감성을 담아 가르치세요.		
학생들에게 수면의 중요성에 대해 가르치세요.		

목표 및 참고 사항

11

영성

> # 영성
>
> 생명을 주는 힘(Ventrella, 2001)

1772년에 작곡된 "Amazing Grace"의 가사는 파란만장한 삶을 살았던 영국의 노예 상인 John Newton의 마음과 생각, 경험에서 비롯되었다. 1754년 항해 중 심한 병에 걸린 뉴턴은 노예 상인으로서의 역할을 포기하고 기독교로 개종한 후 노예제 폐지 운동가가 된 후 이 노래를 작곡했다(Hansen, 2002).

"Amazing Grace"는 특히 미국에서 매우 인기있는 찬송가로 가장 잘 알려진 곡이다. 주에서 종교적 목적과 세속적 목적 모두에 사용된다. 이 노래는 신앙과 영성이 고난의 시기를 극복하는 데 도움이 되는 힘을 상기시켜 준다. 영성은 장수를 위한 열한 번째 원리이며 이 장에서 살펴보자.

◆━━━━━ 원리 11 ━━━━━◆

영성

01 건강한 교사

① 영성: 무엇을 해야 할까요?

2020년 3월, 쉰두 살의 Jason Denney 공군 대령은 가족과 FaceTime으로 작별 인사를 나누고 본당 신부에게 마지막 방문을 요청했다. Denney 대령은 Orlando's Dr. P. Phillips 병원의 중환자실에 입원 중이었고, 죽어가고 있었다. COVID-19가 그의 몸을 황폐화 시켰고 폐가 망가지고 있었다. 심지어 열여섯 살 난 아들 Sean도 COVID-19 양성 판정을 받았다는 사실을 막 알게 되었다. 그는 자신을 자책했다.

그러나 Denney의 신부가 떠난 지 불과 몇 시간 후, Rosaura Quinteros라는 이름의 병원 청소부가 Denney의 병실을 청소하러 들어왔다가 상황의 심각성을 감지했다. Quinteros는 Denney에게 시간이 얼마 남지 않았음을 직감했다. 그녀는 침대 옆으로 다가가 Denney가 고통 속에서도 긍정적인 태도를 유지하도록 격려했다. 그녀는 의료진의 높은 수준과 낙관적인 전망의 중요성을 상기시켜 주었다.

그 후 며칠 동안 매일 Quinteros는 Denney의 병실에 들어갈 때마다 격려의 말을 반복했다. 며칠 후 퇴원했을 때 Denney는 여전히 아프고 숨쉬기 힘들었지만, 퇴원과 궁극적인 치유에 대한 공로의 상당 부분을 Quinteros의 긍정적인 말과 자신의 안녕에 대한 진정한 관심 덕분이라고 생각했다. 그는 Quinteros가 자신이 필요할 때 바로 나타났다고 말했다.

퇴원 후 Denney 대령은 회복하여 Orlando 방위산업체에서 일하고 있다. 과테말라에서 이민 온 Quinteros는 불과 7개월 전에 병원에서 일을 시작했다.

이 두 사람의 배경은 이보다 더 다를 수 없었지만, 두 사람을 하나로 묶어준 한 가지는 바로 신앙이었다. 두 사람의 사연이 공개된 이후(Burke, 2020; Dodd & Young, 2020) 두 사람은 문자로 계속 연락을 주고받으며 서로의 가족을 만날 계획을 세우고 있다.

Quinteros는 Denney와 인연을 맺은 후 그의 삶과 건강에 변화를 가져올 수 있었다. 하지만 Denney가 건강 문제를 극복할 수 있다는 믿음을 갖게 된 것은 두 사람의 정신적 교감 덕분이었다

성인의 54%만이 자신을 종교적이라고 생각하는 반면, 75%는 스스로를 영적이라고 답했습니다.

Lipka & Gecewicz, 2017

많은 사람이 영성과 종교라는 용어를 혼용하여 사용한다. 사실 영성과 종교는 동일하지 않습니다. Ventrella(2001)에 따르면, 어떤 사람들은 반드시 영적이지 않아도 종교적이라고 한다. 반면에 어떤 사람들은 조직화된 종교에 가입하지 않고도 매우 영적인 사람이도 있다. 영성은 모든 종교와 민족의 경계를 뛰어넘는 보편적인 것이다. 영성은 "숨결"을 뜻하는 라틴어 *spiritus*"에서 유래했다. 세상에는 수많은 종교가 존재하지만, 과학은 영성이 행복, 건강, 인간관계에 강력하고 긍정적인 영향을 미친다는 사실을 보여주고 있다.

영성은 자신보다 더 높고 위대한 무언가가 존재하며, 우리가 일부로 속한 더 큰 전체는 본질적으로 신성한 존재라는 믿음을 포함한다. 영성은 죽음 이후에도 지속적인 존재가 있으며 삶의 의미, 사람들 간의 연결, 우주에 대한 진리, 인간 존재의 신비에 대한 질문에 대한 답을 제공할 수 있다고 제안한다(Ventrella, 2001).

② 뇌 연구가 말하는 것: 왜 해야 할까요?

Ventrella,(2001)는 그의 저서 "The Power of Positive Thinking in Business" 『비즈니스에서 긍정적 사고의 힘』에서 긍정적 사고자의 10가지 특성 중 하나로 "자신과 타인에 대한 믿음, 그리고 필요할 때 지원과 안내를 제공하는 더 높은 영적 힘"을 꼽았다. 그는 미국인의 75%가 더 높은 영적 힘을 믿지만, 대부분은 그 영성을 삶의 다른 측면과 혼합하는 데 익숙하지 않다고 말한다.

저자이자 *wellness* 코치인 Elizabeth Scott(Elizabeth Scott, 2020b)은 정신적 이상 징후에는 다음과 같은 것들이 포함될 수 있다고 설명한다.

- ▸ 고통이나 죽음 이후에 일어나는 일에 대해 탐구적인 질문하기
- ▸ 더 깊은 연민과 다른 사람들과의 연결 찾기
- ▸ 다른 사람에 대한 공감 경험
- ▸ 다른 사람들과 서로 연결되어 있다는 느낌
- ▸ 삶에 대한 경외감 또는 경이로움
- ▸ 목적과 의미 찾기
- ▸ 자신이 가진 것 또는 다른 외부 보상 이상의 행복 추구
- ▸ 더 나은 세상을 만들기 위한 노력

연구(Williams, 2019)에 따르면 영성에는 정신적, 신체적 건강상의 이점이 모두 있다. 정신적 혜택에는 다음이 포함된다.

- ▸ 삶에 가져다주는 의미로 인한 더 큰 행복
- ▸ 감사하는 마음 증가
- ▸ 동정심 증가
- ▸ 다른 사람들과의 관계 개선
- ▸ 스트레스에 대처하는 능력 향상

보다 긍정적인 관계를 발전시키고 성장시킬 수 있는 능력 신체적 이점(Williams, 2019)은 다음과 같다.

- ▸ 더 강력한 면역력
- ▸ 우울증 위험 감소
- ▸ 스트레스 감소
- ▸ 혈압을 낮추세요
- ▸ 수면 개선

산이나 더 높은 힘에 헌신하면 스트레스에 대한 반응이 줄어들고, 행복감이 커지며, 심지어 죽음에 대한 두려움도 감소합니다.

Scott, 2002

다음은 영성과 영성이 정신적, 신체적 건강에 미치는 긍정적인 영향에 대한 여러 연구 결과 중 일부이다(Scott, 2020b). 영성은 사람들, 특히 노년층이 일상적인 스트레스의 부정적인 영향에 대처하는 데 도움이 되는 것으로 보인다.

> ‣ 노인 여성은 하나님께 감사하는 마음이 클수록 남성보다 스트레스 완화에 도움이 되는 건강 효과를 더 많이 받을 수 있다.
> ‣ 외재적 동기를 가진 사람들은 친구를 사귀거나 공동체에서 지위를 높이기 위해 종교를 이용하는 경향이 있는 반면, 내재적 동기를 가진 사람들은 신이나 더 높은 힘을 위해 이타적으로 삶을 헌신하는 경향이 있다.

기도와 영성은 젊은이와 노인 모두에게 효과가 있는 것으로 보이며 다음과 상관관계가 있는 것으로 나타났다(Scott, 2020b).

> ‣ 건강 개선
> ‣ 심리적 웰빙 향상
> ‣ 우울증 사례 감소
> ‣ 고혈압 감소
> ‣ 어려운 시기에도 스트레스 감소
> ‣ 긍정적인 감정 증가
> ‣ 스트레스에 대처하는 탁월한 능력

한 연구에 따르면 영적 경험은 긍정적인 감정을 향상시키고 사람들이 일상적인 스트레스와 부정적인 감정에 대처하는 데 도움이 될 수 있다고 합니다.

Scott, 2020b

③ 실행 단계: 어떻게 해야 할까요?

전략 1 다른 영적인 사람들을 찾아보기

교회, 유대교 회당, 모스크, 사원, 부모 모임, 요가 클래스 등 여러분의 영성에 도움을 줄 수 있는 커뮤니티를 찾아보아라. 그들과 함께 모여 이야기를 나누고, 경청하고, 이야기를 나누고, 인생의 도전에 대처할 수 있는 시간을 계획해보자.

전략 2 다른 사람에게 집중하기

다른 사람에게 공감을 느끼고 표현하고, 마음을 열고, 다른 사람에게 도움을 주는 것은 영성의 매우 중요한 측면이다. 다른 사람들이 행복할 때 함께 기뻐하고, 어려운 삶의 상황에 처했을 때 혼자가 아니라는 것을 다른 사람들에게 알릴 수 있는 구체적인 방법을 찾아보자.

전략 3 마음챙김 체험하기

치료 기법으로 자주 사용되는 마음챙김은 자신의 감정, 생각, 신체 감각을 침착하게 인정하고 수용하면서 현재 순간에 대한 인식에 집중함으로써 얻을 수 있는 정신 상태로 정의된다. 그레이터 굿 사이언스 센터에서는 자신과 타인에 대한 비판적 태도를 줄이고 과거나 미래에 집착하기보다 현재 순간에 집중하도록 한다.

하루를 서두르지 말고 하루에도 몇 번씩 몇 분만 멈춰서 사색하는 시간을 가져보아라. "일상생활을 위한 5가지 간단한 마음챙김 실천법"이라는 글에서 Parneet Pal, Carley Hauck, Elisha Goldstein, Kyra Bobinet, Cara Bradley(2018)는 생활에 마음챙김을 더하기 위한 5가지 일상적인 실천 방법을 소개한다.

> **1. 마음챙김으로 하루를 시작하세요.**
> 침대나 의자에 편안한 자세로 척추를 곧게 편 채로 앉는다. 코로 숨을 들이마시고 입으로 내쉬며 영양을 공급하는 심호흡을 세 번 깊고 길게 한다. 자신에게 그날의 의도가 무엇인지 머릿속에 떠올리고 그 의도를 목표로 설정하도록 한다. 하루종일 잠시 멈춰서 숨을 고르고 자신과 자신의 의도를 점검해보록 한다.

2. 마음챙김 식사를 즐기세요.

식사를 시작하기 전에 눈을 감고 복식호흡을 8~10회 천천히 들이쉬고 내쉬기 시작한다. 이렇게 하면 식사 속도를 늦추고 식사로 전환할 수 있다. 호흡 후 배의 신체적 감각에 주의를 기울여 실제로 얼마나 배가 고픈지 파악한 다음 그에 따라 식사하도록 한다. 천천히 심호흡을 하면서 음식을 음미하고 소화할 수 있도록 천천히 먹는다. 처음 세 번은 음식의 풍미, 맛, 질감을 마음속으로 느끼며 먹는다. 마음에 들지 않으면 계속 먹지 않는다.

3. 마음챙김 쉼표로 두뇌를 다시 연결하세요.

자동 조종 장치로 작동하는 빠른 두뇌의 속도를 늦추고 느리고 효율적인 두뇌를 위해 빠른 두뇌를 방해하는 장애물을 제거하자. 계속 진행하기 전에 심호흡을 하라고 스스로에게 상기시키는 새로운 노트를 작성해 보자.

4. 마음과 근육에 집중하는 운동에 참여하자.

어떤 신체 활동을 하든 혈액순환을 촉진할 뿐만 아니라 바쁘고 산만하다는 느낌에서 유능하고 강하다는 느낌으로 생각을 전환할 수 있는 방식으로 움직도록 한다. 운동할 때는 목표를 분명히 하고, 준비운동(5분), 리듬 잡기(10~15분), 도전하기(10~15분), 식히기(5분), 휴식하기(5분)의 순서로 진행하자.

5. 흥분하지 말고 차분하게 운전하세요.

다음과 같은 운전 중 마음챙김을 실천하는 데 도움이 되는 전략을 소개한다. 스트레스를 받을 때는 심호흡을 하고, 자신에게 무엇이 필요한지 물어보고(예: 안전하다고 느끼기 위해), 자신에게 필요한 것을 주고(예: "나는 안전하다고 느낀다"라고 말하기), 자신과 같은 경험을 하고 있는 다른 운전자를 인식한 다음 다시 심호흡을 한다.

전략 4 명상 또는 기도하기

기도와 명상은 모두 마음챙김을 높이고 과도한 걱정을 예방할 수 있다. 매일 10~15분 정도 어떤 형태로든 명상에 시간을 투자하자. 숨을 들이마시면서 영적인 힘을 삶에 초대하도록 한다. 숨을 내쉴 때 모든 사람들에게 사랑의 친절을 베풀어 준다. 기도는 낙관주의, 감사, 평온함, 집중력 및 집중력 향상과 관련이 있으며 다음과 같은 효과를 얻을 수 있다.

이 전략은 일석이조의 효과가 있다. 원리 5장: 움직임(Movement)의 원리를 걷기 명상을 통해 영성의 원리와 결합한다. 걷기에 명상 요소를 추가하면 기분이 좋아지고 머리가 맑아지며 숙면에도 도움이 될 수 있다.

걷기 명상에서는 안내 이미지에 참여하게 된다. 걷기 시작하면서 자신에게 집중한다. 팔이 편안한 자세를 유지하고 있는지 확인한다. 걷는 걸음걸이와 다리의 움직임에 주의를 기울인다. 몇 분 후, 주변의 소리에 귀를 기울이기 시작한다. 새가 지저귀는 소리와 자동차가 지나가는 소리 등 기분 좋은 소리와 불쾌한 소리를 모두 생각해 보자. 이제 냄새에 집중한다. 벽난로에서 장작을 태우는 사람이 있을 수도 있고, 주변의 신선한 흙냄새를 맡을 수도 있다. 이제 시각으로 이동한다. 주변의 모든 색, 사물, 풍경을 눈에 담도록 한다. 눈에 들어오는 주변 환경의 변화에 주목한다. 걷기의 마지막 몇 분 동안은 주변 환경에 대한 인식을 되돌리고 자신의 몸을 다시 한번 알아 차린다(Bertin, 2017).

전략 6 감사 실천하기

감사일기를 시작하고 매일 하루를 마무리할 때 5분 또는 10분 동안 감사한 일을 적어보자. Scott(2020b)은 감사일기를 쓰면 자신에게 가장 중요한 것들과 삶을 가치 있게 만드는 것들을 상기시키는 데 큰 도움이 될 수 있다고 말한다. 감사는 긍정적인 경험, 사람, 사물에 대한 감사를 증폭시키고 자신이 얼마나 큰 축복을 받았는지 또한 인생에서 사소한 일이나 소중한 사람들을 당연한 것으로 여기지 않도록 상기시켜 준다. 도움이 필요한 사람을 위해 자원봉사에 참여는 것도 좋은 방법이다.

전략 7 자원봉사 하기

영성을 발휘하는 가장 좋은 방법 중 하나는 다른 사람의 삶에 변화를 주는 것이다. 이러한 친절한 행동은 여러분의 삶의 목적과 의미를 높여줄 뿐만 아니라 개인적인 어려움을 극복할 때 사물을 바라보는 관점을 갖도록 도와줄 것이다. 누구에게나 줄 수 있는 최고의 선물 중 하나는 바로 여러분의 시간이다.

Virginia Commonwealth 대학교의 심리학자 Everett Worthington(2021)은 REACH라는 연구 기반 용서 모델을 개발했다. REACH는 자신에게 상처를 준 사람을 용서할 수 있도록 도와주는 도구이다. 불행히도 워딩턴은 가정 침입 중 어머니가 살해당하고 이 극악무도한 범죄의 가해자를 용서하기로 선택했을 때 이 모델을 직접 테스트할 수 있었다. REACH는 다음을 의미한다(Worthington, 2021).

> ‣ **상처를 떠올려보세요.**
>   치유를 위해서는 상처를 받았다는 사실을 직시하되 원한을 품거나 복수를 추구하지 않기로 결심해야 한다.
> ‣ **파트너와 공감하세요.**
>   상대방의 입장이 되어 가해자가 어떤 기분이었을지 상상해 보아라.
>   이타적인 선물을 준다. 자신에게 상처를 준 사람에게 용서라는 이타적이고 이기적이지 않은 선물을 준다.
> ‣ **용서의 경험에 헌신하세요.**
>   그것에 대해 스스로에게 메모를 써보도록 한다.
> ‣ **용서를 붙잡아 두세요.**
>   용서가 실제로 이루어졌는지 의심스러울 때는 메모를 다시 읽어보고 정말 용서했음을 증명한다.

02 행복한 교실

현재 교육 문헌에서 가장 널리 퍼진 개념 중 하나는 사회 및 정서 학습(SEL)이다. SEL은 어린이와 성인이 자신의 감정을 이해하고 관리하며, 긍정적인 목표를 설정하고 달성하고, 다른 사람에게 공감을 느끼고 표현하며, 의미 있는 관계를 구축하고 유지하는 데 필수적인 지식, 태도 및 기술을 습득하고 적용하는 과정이다. 대부분의 모델은 (1) 자기 인식, (2) 자기 관리, (3) 사회적 인식, (4) 책임감 있는 의사 결정, (5) 관계 기술의 다섯 가지 핵심 역량을 정의한다(Collaborative for Academic, Social, and Emotional Learning, 2021).

SEL에 내재된 많은 교훈에는 영적 기반이 있다. SEL의 자기 인식 구성 공감의 개념은 SEL과 영성 모두의 주요 교훈이다. 소셜 미디어에 대한 과도한 의존과 COVID-19 제한으로 인한 제한된 개인 간 접촉으로 인해 학령기 아동(및 성인)들 사이에 존재하는 공감 능력이 부족해 보인다. 학생들이 같은 반 친구들이 겪고 있는 상황을 이해하는 데 필요한 사회적 기술을 갖추게 되면 다음과 같은 효과를 얻을 수 있다

토론과 역할극과 같은 교육 전략을 통해 학생들의 공감 능력을 향상시키고, 이를 사회적 인식의 주요 구성 요소로 이해하게 한다.

학생들이 용서라는 어려운 개념을 실천하도록 장려하는 것은 사전 예방적인 학급 관리 계획을 실행할 때 큰 도움이 된다. 커리큘럼 목표를 달성하는 동시에 다른 사람의 삶을 개선하는 데 시간과 노력을 투자해야 하는 봉사 학습 프로젝트에 학생들을 참여시키면 학생들의 정서적, 학업적 향상에 도움이 된다.

03 실행 계획

이 장의 서두에서 나온 영성과 관련된 가장 잘 알려진 노래 중 하나인 "*Amazing Grace*"에 대해 논의한 것을 기억해보자. 종교와 영성은 동의어는 아니지만, 둘 다 두뇌와 신체에 유익한 영향을 미친다. 영성을 일상생활에 접목할 수 있는 구체적인 방법은 다음 실행 계획을 참조하자.

| 영성 통합을 위한 실행 계획

삶에 더 많은 영성을 통합하고 학생들도 그렇게 할 수 있도록 돕기 위한 계획은 무엇인가요?

권장 사항	현재 할 수 있는 것	노력해야 할 것
내가 믿는 더 높은 힘을 결정하세요.		
영적 여정에서 나를 도와줄 다른 사람들을 찾아보세요.		
하루종일 마음챙김을 실천하세요.		
걷기 명상에 참여하세요.		
감사일기를 시작하세요.		
다른 사람의 삶을 변화시키기 위해 자원봉사에 참여하세요.		
학생들에게 사회 정서 학습의 5가지 핵심 역량을 알려주세요.		
학생들에게 SEL 역량을 연습하도록 장려하고 그렇게 했을 때 이를 인정해주세요.		

목표 및 참고 사항

12

목적

> # 목적
>
> "삶의 경험에서 의미를 도출하고 행동을 유도하는 의도성과 목표 지향성을 소유하려는 의도성과 목표 지향성을 소유하려는 심리적 경향"(Ryff, Amen, 2018, 179쪽에서 인용)

"Leader of the Band"는 내가 가장 좋아하는 노래 중 하나이다.

이 곡은 Fogelberg(1981)의 가장 개인적인 곡이자 밴드 감독이었던 아버지에 대한 헌정곡이다. Fogelberg가 가장 좋아하는 기억 중 하나는 4살 때 아버지가 Bradley 대학교에서 밴드 지휘를 할 수 있도록 허락한 것이다.

Fogelberg가 성장하여 학교를 떠나기로 결심했을 때 학기 중에 대학을 졸업한 그의 아버지는 그의 결정에 동의하지 않았지만 아들이 음악이라는 자신의 목적을 추구하도록 허용했다(Fogelberg.com, nd). Fogelberg는 1980년대에 가장 많이 팔린 아티스트 중 한 명이 되었다. 이 장에서는 열두 번째이자 마지막 원리인 목적에 대해 살펴보자.

목적

01 건강한 교사

1) 목적: 무엇을 해야 할까요?

오랫동안 헌신했던 직장에서 은퇴한 지 얼마 지나지 않아 세상을 떠난 사람이나, 오랜 세월을 행복하게 살다가 한 사람이 세상을 떠난 후 곧이어 다른 한 사람도 세상을 떠난 부부의 이야기를 들어본 적이 있을 것이다. 내가 강의하는 교육생들에게 앞서 언급한 범주에 속하는 사람을 아는 사람이 있는지 손을 들어 달라고 요청하면 보통 70% 이상이 손을 든다. 이러한 현상은 우연이 아니기 때문이다. 수년간 일하던 직장에서 은퇴하거나 부부가 오랫동안 사랑했던 헌신적인 배우자를 잃으면 삶의 목적을 잃는 경우가 종종 있다. 어떤 사람들은 목적을 잃으면 목숨까지 잃는다.

자세히 설명하겠다. Carrie Fisher가 세상을 떠났을 때 그녀의 어머니 Debbie Reynolds는 삶의 목적을 잃었다. 그녀는 아들에게 딸과 함께 있고 싶다고 말하기도 했다. 하루 후, Debbie Reynolds는 딸과 함께 있었다.

Kate Spade가 자살로 세상을 떠났을 때 상심에 빠진 아버지는 장례식에 참석하지 못했다.

실연으로 죽을 수도 있느냐는 질문이 제기되었다. 대답은 "네, 물론이다." 심장이 상했다고 느끼면 뇌는 스트레스 호르몬인 코르티솔을 생성하여 면역 체계를 고갈시키는 데 도움이 될 수 있다. 따라서 아프지 않은 사람도 고갈되면 병에 걸릴 수 있다. 이미 아프면 더 아플 수 있다. 이 증후군은 *takotsubo* 심근병증이라고 불린다(Harvard Health Publishing, 2020c).

Toys "R" Us 창립자 Charles Lazarus는 존경받는 체인점이 문을 닫는다는 소식을 접한 후 일주일 만에 사망했다. 전 영부인 Barbara Bush는 2018년 4월에 사망했다. George H. W. Bush 전 대통령은 7개월 후인 2018년 11월 30일에 세상을 떠났다. 두 사람은 73년간 결혼 생활을 이어왔다. David Dinkins 전 뉴욕 시장은 2020년 10월 여든아홉의 나이로 아내 Joyce와 사별했다. Dinkins 시장은 한 달 뒤인 2020년 11월, 67년간의 결혼 생활을 마치고 아흔세 살의 나이로 그녀를 따라 세상을 떠났다. 이 외에도 많은 예가 있지만 요점을 이해할 것 같다.

> 뉴욕 타임즈(Khullar, 2018)에 따르면 성인 미국인 중 약 25%만이 의미 있는 삶에 대한 명확한 목적을 가지고 있다고 답한 반면, 40%는 이 주제에 대해 중립적이거나 목적이 전혀 없다고 답했습니다.
>
> Morin, 2020

영적으로 깊은 신앙을 가진 사람들에게는 목적이 신앙에 봉사하는 것과 관련이 있다. 그러나 목적을 갖는다는 것은 영적이든 아니든 우리 모두에게 적용된다. 아주 넓은 의미에서 목적은 전달하고자 하는 메시지이다. 그것은 여러분이 부르고 싶은 노래나 남기고 싶은 흔적이다. 사람들이 가족, 직장 또는 커뮤니티에서 의미를 찾는 방식이기도 하다.

이 장에서는 Carol Ryff의 목적에 대한 정의를 사용한다. Wisconsin 대학교 심리학자는 목적을 "삶의 경험에서 의미를 도출하고 행동을 이끄는 의도성과 목표 지향성을 소유하려는 심리적 경향"으로 정의한다(Amen, 2018, 179쪽).

고도로 효율적인 사람들의 7가지 습관(Covey, 2020)을 강의할 때 나는 다음과 같은 말로 수업을 시작한다.

텔레비전에서 "묘비에 무엇을 새기고 싶으세요?"라는 질문을 던지는 광고가 방영된 적이 있었다. 그들은 피자에 대해 이야기하고 있었지만 나는 피자를 원하지 않았다.

그런 다음 참가자들이 자신의 묘비에 비문을 쓰는 활동에 참여한다. 이 활동을 마치면 참가자들은 '인생을 거꾸로 살아보기'를 통해 자신이 기억되고 싶은 일들을 매일 성취할 수 있다.

2016년 어머니 Eurica가 돌아가시기 전, 어머니는 장례식에서 연설을 해달라고 부탁했다. 나는 어머니가 가장 좋아하셨던 시 중 하나인 Linda Ellis (2014)의 "The Dash"("돌진")으로 추도사를 마무리했다. 이 시는 우리가 어떻게 시간과 공간을 살아가야 하는지에 대해 이야기한다.

우리가 태어난 해와 죽는 해, 다시 말해 우리의 목적을 어떻게 살아야 하는지를 말이다.

② 뇌 연구가 말하는 것: 왜 해야 할까요?

2009년에 73,000명 이상의 일본 남녀를 대상으로 한 연구에 따르면 목적의식(일본어로 이키가이라고 함)과 강한 유대감을 가진 사람들이 그렇지 않은 사람들보다 더 오래 사는 경향이 있는 것으로 나타났다(Leonard & Kreitzer, 2016). 저자 Dan Buettner(2012)는 사람들이 100세 이상 살 가능성이 높은 전 세계의 커뮤니티를 연구했다. 그는 대부분의 100세 장수자들이 공유하는 요소 중 하나가 강한 목적의식이라는 사실을 발견했다. 2014년에 연구자들은 14년 동안 성인을 추적한 데이터를 사용하여 인생의 목적이 있으면 사망 위험에 대한 완충 효과가 큰 것으로 나타났다(Hill & Turiano, 2014).

 삶의 목적이 있으면 뇌는 긍정적인 신경전달물질인 도파민을 끊임없이 끊임없이 분비합니다.

Amen, 2018

2010년 응용심리학에 발표된 연구(Kobau, Sniezek, Zack, Lucas, & Burns, 2010)에 따르면 삶에 대한 통제감, 자신이 하는 일이 중요하다는 느낌, 목적의식 등 행복 지수가 높은 사람들이 더 오래 사는 경향이 있는 것으로 나타났다.(Morin, 2020).

Ryff(Amen, 2018)는 자신의 연구에서 높은 목적의식을 가지고 삶을 사는 사람들은 다음과 같은 여러 가지 이점을 경험한다는 사실을 발견했다.

- ▸ 정신 건강 개선
- ▸ 우울증 감소
- ▸ 행복감 증가
- ▸ 개인적 성장과 자기 수용력 향상
- ▸ 수면의 질 개선
- ▸ 더 긴 수명

목적의식이 있는 사람은 회복탄력성과 행복감도 더 높은 것으로 나타났다. 웰빙 과학에 대한 광범위한 연구에 따르면 목적의식이 강한 사람은 장애물에 대한 심리적 완충 역할을 하기 때문에 삶의 기복을 더 잘 극복할 수 있는 것으로 나타났다. 이러한 사람들은 힘든 하루를 보내더라도 삶에 만족감을 유지한다(Amen, 2018).

Amen(2018)에 따르면 삶의 목적의식이 있는 사람은 뇌졸중과 심혈관 질환의 위험이 낮고 면역력이 증가하며 수면의 질이 더 좋다고 한다. 또한 적절한 수의 "좋아요"를 받지 못하는 등 부정적인 소셜 미디어 문제에 영향을 받을 가능성도 적다.

목적의식이 부족하면 코르티솔(스트레스 호르몬) 수치가 높아지고, HDL 콜레스테롤 수치가 낮아지며, 염증 지표가 증가하고, 복부 지방이 늘어나는 것과 관련이 있습니다.

Amen, 2018

목적은 알츠하이머병을 예방하는 것으로도 보인다. Rush 알츠하이머병 센터의 신경심리학자인 Patricia Boyle은 수천 명의 노인을 대상으로 한 연구에서 다음과 같은 사실을 밝혀냈다.

센터(Amen, 2018에서 인용)에 따르면 삶의 목적의식이 낮은 사람은 목적의식이 강한 사람보다 알츠하이머병에 걸릴 확률이 2.4배 더 높았다. 시카고 Rush 대학교의 Boyle과 다른 연구자들은 목적 척도에서 높은 점수를 받은 900명 이상의 사람들을 대상으로 연구를 진행했다. 또한 이들은 알츠하이머 병에 걸릴 위험이 감소하고, 노화에 따른 인지 기능 저하 속도가 느려지며, 경도 인지 장애가 완화되는 것으로 나타났다(Amen, 2018).

삶의 의미에 대한 감각이 알츠하이머병의 증상을 완화할 수 있다는 새로운 증거가 제시되고 있다. 이러한 현상은 plaque(플라크)가 이미 뇌에 축적되기 시작 했을 때에도 발생했다(Wallace, 2012).

우리는 목적을 믿고, 목적을 찾고, 목적을 위해 사는 등 목적에 대해 선천적으로 타고난 것처럼 보인다. 목적이 있다는 것은 우리의 정신, 마음, 행복에 영향을 미친다. 그것은 우리의 생물학적 구성의 일부이다.

③ 실행 단계: 어떻게 해야 할까요?

전략 1 질문에 답하여 목적 찾기

엔터테인먼트 미디어 파트너스의 CEO인 Adam Leipzig의 TEDx 강연(2013)은 천만 회 이상의 조회수를 기록했다. 이 강연은 5분 동안 다음 다섯 가지 질문에 답함으로써 사람들이 인생의 목적을 찾도록 도와준다:

1. 누구세요? 이름이 무엇인가요?
2. 어떤 일을 좋아하시나요? 다른 사람을 가르칠 수 있는 최고의 자격을 갖추고 있다고 느끼는 한 가지는 무엇인가요?
3. 누구를 위해 일하나요? 여러분의 업무는 다른 사람들과 어떻게 연결되나요?
4. 그 사람들이 여러분에게 무엇을 원하거나 필요로 하나요?
5. 여러분이 하는 일의 결과로 어떻게 변화하나요?(Amen 2018, 194p)

나는 Leipzig(2013)의 질문에 답변했다. 다음은 목적과 관련하여 내가 개인적으로 답변한 내용이다.

1. 제 이름은 Marcia입니다.
2. 나는 모든 두뇌가 가장 잘 학습하는 방식을 활용하려면 어떤 전략을 사용해야 하는지에 대해 워크숍을 진행하고 글을 쓰는 것을 좋아합니다.
3. 교사, 관리자, 학부모, 비즈니스 및 커뮤니티 리더 등 누구에게나 무언가를 가르치는 모든 사람을 대상으로 합니다.
4. 이러한 사람들은 학생, 자녀, 직원에게 콘텐츠를 더 성공적으로 전달하여 콘텐츠나 대상자의 연령 또는 학년 수준에 관계없이 학습이 지속되도록 하기를 원합니다.
5. 내가 가르치는 두뇌 호환 전략을 사용한 후 학생들의 학업 성취도가 향상되었다는 교육자들의 이메일이 2,000여 통이 넘었습니다. 성취도가 높아지고, 행동 문제가 줄어들고, 가르치고 배우는 것이 훨씬 더 즐거워졌습니다!

Leipzig(2013)의 질문에 정직하게 답하여 자신의 개인적인 목적을 결정하자. 세 가지 질문이 타인에 관한 것이므로, 개인의 행복은 이기적인 추구가 아니라 다른 사람을 돕는 데서 찾을 수 있다는 점에 유의하도록 한다.

전략 2 목적 결정하기

저자이자 편집자인 Jeremy Smith(2018)는 우리에게 목적의식을 부여하는 목표는 다른 사람들의 삶에 영향을 미칠 수 있는 목표라고 말한다. 이 장의 앞부분에서 언급했듯이 이러한 목표는 정신적, 육체적 건강 개선과 관련이 있으며 개인과 종 전체가 생존하는 데 도움이 된다. 그는 목적을 결정하는 여섯 가지 방법을 제안한다.

1. 독서를 통해 다른 사람들의 삶을 살펴보고 자신의 목적을 찾아보세요.

    독서는 시간과 공간을 초월하여 우리를 다른 사람들과 연결해 줍니다.

2. 상처를 다른 사람을 위한 치유로 바꾸세요.

    종종 목적은 우리 자신의 고통과 타인의 고통 모두에서 성장할 수 있습니다.

3. 경외심, 감사, 이타심을 기르세요.

    우리의 삶에 감사하고 다른 사람을 돕고자 노력하는 것은 목적을 키우는 일입니다.

4. 다른 사람들이 나에 대해 어떤 점을 높이 평가하는지 들어보세요.

    사람들이 여러분에게 고마워하는 것에 주의를 기울이세요.

5. 커뮤니티를 찾고 구축하세요.

    주변의 가족과 친구들을 살펴보고 자신의 목적을 찾아보세요.

6. 여러분의 이야기를 들려주세요.

    나만의 이야기를 만들어 보세요.

전략 3 목적 찾기를 위한 추가 팁 선택하기

의학박사 Carly Snyder의 추천을 받아 '인생의 목적을 찾기 위한 7가지 팁'이 라는 제목으로 작성된 Amy Morin의 글(2020)에는 다음과 같은 팁이 포함되어 있다.

1. 다른 사람을 돕기 위해 시간, 돈 또는 재능을 기부하세요.
2. 다른 사람들이 제공하는 피드백에 귀를 기울이세요.
3. 긍정적인 변화를 만들어가는 사람들과 함께하세요.
4. 소셜 서클에 속하지 않은 사람들과 대화를 시작하세요.
5. 진정으로 관심이 있거나 소셜 미디어에서 공유하는 콘텐츠를 탐색하세요.
6. 정말 화가 나는 불공정을 생각해 보세요.
7. 자신이 진정으로 좋아하는 일을 찾아보세요.

앞서 언급한 팁 중 어떤 것이 자신의 목적을 발견하는 데 도움이 될지 결정하고 이 장에 포함된 단계를 따라 실천할 수 있는 현명한 계획을 세워보자.

Covey(2020)의 *The 7 Habits of Highly Effective People, habit 2*("고도로 효과적인 사람들의 7가지 습관'에서 습관 2)는 "끝을 염두에 두고 시작하라"이다. 이 습관과 관련된 활동 중 하나는 개인별 사명 선언문을 작성하는 것이다. 이 사명 선언문은 자신의 삶을 안내하고 목적을 실행하는 원리를 기반으로 한다. 한 문장처럼 간단할 수도 있고 원하는 만큼 복잡할 수도 있다. 나는 7가지 습관을 가르칠 때 수강생들에게 개인 사명 선언문을 쓰기 시작한다. 사명 선언문은 많은 생각을 필요로 하기 때문에 보통 하루 만에 완성할 수 있는 것이 아니다. 하지만 한 수강생은 단 한 문장으로 자신의 사명 선언문을 완성했다. 그는 "나는 나의 강아지에게 친절한 주인이 되도록 행동해야겠다"라고 썼다. 나는 이 문장이 모든 것을 말해준다고 생각했다! 나는 내 개인적인 사명 선언문도 수업에 공유했다. 세 부분으로 구성되어 있다.

1. 최고의 딸, 누나, 아내, 엄마, 할머니, 이모, 친구가 되어 이 세상을 더 나은 곳으로 만들고 떠나기 위해
2. 나와 접촉하는 사람들의 업무 및 개인 생활을 개선하기 위해
3. 교육자가 모든 어린이의 재능을 발견할 수 있도록 돕기 위해

The Daniel Plan(Warren et al., 2020)의 공동 저자이자 베스트셀러인 목적 중심의 삶(목적 중심의 삶)의 저자 Rick Warren은 사람들이 보다 균형 잡힌 삶을 살기 위해 "(1) 신앙, (2) 음식, (3) 건강, (4) 집중, (5) 친구"의 다섯 가지 영역에서 자신의 목표와 목적을 작성할 것을 제안한다. 그는 다섯 가지 영역 각각에 SMART 목표를 설정하는 것이 필요하다고 말한다. SMART는 효과적인 목표의 다음과 같은 특성을 나타내는 연상기호(mnemonic) 장치이다.

구체적: SMART의 S는 구체적이라는 뜻입니다. 목표는 모호하지 않고 매우 명확해야 합니다. 다음 다섯 가지 질문에 답할 수 있어야 합니다: 무엇을 달성하고 싶은가? 왜 그것을 달성해야 하는가? 나 외에 누가 참여할 것인가? 어디서 진행할 것인가? 어떤 요구 사항과 제약을 고려해야 하는가?

측정 가능: SMART의 M은 측정 가능을 의미합니다. 목표를 측정할 수 없다면 언제 달성할 수 있을지 알 수 없습니다. '얼마를 언제까지 달성할 것인가'와 같은 질문에 답할 수 있어야 합니다.

달성 가능한 목표: 목표는 거창하고 신념을 시험할 수 있지만, 현실적이고 자신에게 중요한 것이어야 합니다.

관련성: 목표는 가치 있고 자신에게 진정으로 중요한 것이어야 합니다.

시간 제한: 특정 기간 또는 마감일 내에 목표를 달성해야 합니다. (워렌 외, 2020)

02 행복한 교실

인생의 대부분을 교육에 바쳤으니 이것이 목적의 일부일 수 있다는 것은 분명하다. 나는 48년 이상을 이 업계에 종사하면서 단 하루도 후회한 적이 없기 때문에 이것이 내 목적의 일부라는 것을 알고 있다. 가르칠 때 나는 종종 우리 교육자들은 특별한 클럽에 속해 있다고 말하곤 한다. 우리는 다른 모든 직업에 영향을 미치는 유일한 직업이다. 모든 의사, 변호사, 작가, 과학자, 예술가 등은 언젠가 자신의 기술을 연마하는 데 도움을 준 스승이 있다.

이번 학기와 매년 학급을 위한 **SMART**한 목표를 설정하여 교사로서 지속적으로 개선하고 성장할 수 있도록 하자. 우리 모두가 아무리 훌륭하더라도 우리가 하는 일을 더 잘하는 데 도움이 되는 목표를 세우는 것을 멈추지 말아야 한다. 들판의 풀처럼 우리도 계속 성장하지 않으면 죽어가고 있다.

목적의 개념은 가르치는 수업과도 관련이 있다. 인간의 뇌에는 단 하나의 목적이 있다. 그것은 곧바로 A를 받거나 학업 적성 시험에서 높은 점수를 받는 것이 아니다. 인간 뇌의 목적은 생존이다. 따라서 학생들이 여러분이 가르치는 수업과 세상에서의 생존 사이의 상관관계를 알 수 없을 때, 학생들은 "왜 우리가 이걸 배워야 하나요?"라는 오래된 질문을 할 것이다. 이는 매우 정당한 질문이다.

이러한 질문을 듣고 싶지 않다면 처음에 목적을 설정하여 학생들이 무엇을 왜 배워야 하는지 정확히 알 수 있도록 하자. 사실, 수업 계획이 완성될 때까지 기다렸다가 목적을 결정한다면 너무 오래 기다린 것이다. 모든 수업에서 계획의 첫 번째 질문은 '학생들이 무엇을 알고, 이해하고, 할 수 있어야 하는가'여야 한다. 수업 계획의 나머지 부분에서는 이 질문에 대한 답을 찾을 수 있도록 해야한다.

커리큘럼 목표와 관련하여 학생들이 무엇을 알아야 하고, 이해해야 하며, 무엇을 해야 하는지 알려주어야 한다. 학생들이 이러한 기대가 무엇인지 모른다면 교수자의 기대에 부응할 수 없다. 목적이 비밀로 유지되어서는 안 된다. 학교에서 좋은 성적을 받았지만 추측하느라 시간을 낭비했다. 다가오는 평가에 무엇이 나올지 알려주어라. 학생들에게 목적을 알려주면 학업 성취도가 향상될 것이다.

03 실행 계획

이 장의 서두에서 나온 Dan Fogelberg의 "Leader of the Band"에 대한 논의를 떠올려보자. 그의 아버지처럼 Fogelberg도 음악에서 자신의 목적을 찾았다. 각 개인은 자신만의 목적을 찾아야 한다. 내 목적은 학생과 성인을 교육하는 것이다. 다음 실행 계획을 사용하여 인생에서 가장 중요한 목적이 무엇인지 결정하도록 한다. 이 단계를 밟는 것만으로도 여러분의 삶이 풍요로워지고 길어질 수 있다.

| 목적 결정을 위한 실행 계획

내 인생의 목적을 결정하기 위한 계획은 무엇인가요?

권장 사항	현재 할 수 있는 것	노력해야 할 것
라이프치히(2013)의 다섯 가지 질문에 답하여 나의 초기 목적을 찾는 데 도움을 받으세요. • 누구세요? 이름이 무엇인가요? • 어떤 일을 좋아하시나요? 다른 사람을 가르칠 수 있는 최고의 자격을 갖추고 있다고 느끼는 한 가지 일은 무엇인가요? • 누구를 위해 일하나요? 여러분의 업무는 다른 사람들과 어떻게 연결되나요? • 그 사람들이 여러분에게 무엇을 원하거나 필요로 하나요? • 여러분이 하는 일의 결과로 어떻게 변화하나요?		
내 목적을 결정하기 위한 추가 팁을 선택하세요.		
개인 사명 선언문을 작성합니다.		
현명한 생활 목표를 설정하세요.		
레슨을 계획하기 전에 레슨의 목적을 결정합니다.		
각 수업의 목적을 학생에게 전달합니다.		
학생의 학습을 평가하여 교육 목표가 달성되었는지 확인합니다.		

목표 및 참고 사항

참고문헌

Algozzine, B., Campbell, P., & Wang, A. (2009). 63 tactics for teaching diverse learners: Grades 6-12. Thousand Oaks, CA: Corwin Press.

Allen, R. (2008). Green light classrooms: Teaching techniques that accelerate learning. Melbourne, Victoria, Australia: Hawker Brownlow Education.

Allen, R., & Currie, J. (2012). U-turn teaching: Strategies to accelerate learning and transform middle school achievement. Thousand Oaks, CA: Corwin Press.

Amen, D. G. (2003). Healing anxiety and depression. New York: Berkley Books. Amen, D. G. (2015). Change your brain, change your life. New York: Harmony Books.

Amen, D. G. (2018). Feel better fast and make it last. Carol Stream, IL: Tyndale House Publishers.

American Heart Association News. (2018, October 26). Can daylight saving time hurt the heart? Prepare now for spring. Accessed at www.heart.org/en/news/2018/10/26/can-daylight-saving-time-hurt-the-heart-prepare-now-for-spring on July 20, 2021.

Augustin, S. (2018, March 16). Looking out the window: What should you see?

Accessed at www.psychology today.com/us/blog/people-places-and-things/201803/looking-out-the-window-what-should-you-see on July 20, 2021.

Banner, B., & Hamilton, J. (1967-1978). The Carol Burnett show [Television broadcast].

Basak, C., Boot, W. R., Voss, M. W., & Kramer, A. F. (2008). Can training in a real-time strategy video game attenuate cognitive decline in older adults? Psychology and Aging, 23(4), 765-777. Accessed at www.pubmed.ncbi.nlm.nih.gov/19140648 on July 20, 2021.

Bauer, P. (n.d.). Pharrell Williams: American musician and producer. Accessed at www.britannica.com/biography/Pharrell-Williams on October 21, 2021.

Baylor College of Medicine. (2020). A perfect match: The health benefits of jigsaw puzzles [Blog post]. Accessed at www.blogs.bcm.edu/2020/10/29/a-perfect-match-the-health-benefits-of-jigsaw-puzzles on September 25, 2021.

BBC. (n.d.). Sold on song top 100: Annie's song. Accessed at www.bbc.co.uk/radio2/ soldonsong/song library/anniessong.shtml on October 21, 2021.

Bertin, M. (2017). A daily mindful walking practice. Accessed at www.mindful.org/ daily-mindful-walking-practice on October 2, 2021.

Better Health. (n.d.). Running and jogging—health benefits. Accessed at www.better-health.vic.gov.au/health/healthyliving/running-and-jogging-health-benefits on July 20, 2021.

Bhanoo, S. N. (2013, November 11). Long-term benefits of music lessons. The New York Times. Accessed at www.nytimes.com/2013/11/12/science/long-term-benefits-of-music-lessons.html on July 20, 2021.

Berman, M. G., Jonides, & Kaplan, S. (2008). The cognitive benefits of interacting with nature.Psychological Science, 19(12), 1207-1212.

Billboard. (n.d.). Hot 100 60th anniversary interactive chart. Accessed at www.billboard.com/charts/hot-100-60th-anniversary/ on October 21, 2021.

BrainyQuote. (n.d.). George Bernard Shaw quotes. Accessed at www.brainyquote.com/ authors/george-bernard-shaw-quotes on July 20, 2021.

Bratman, G. N., Hamilton, J. P., Hahn, K. S., Daily, G. C., & Gross, J. J. (2015). Nature experience reduces rumination and subgenual prefrontal cortex activation. Accessed at www.pnas.org/content/112/28/8567 on July 20, 2021.

Brennan, D. (2020, November 17). Health benefits of essential oils. Accessed at www. webmd.com/diet/health-benefits-essential-oils on September 21, 2021.

Buettner, D. (2010). The blue zones: 9 lessons for living longer from the people who lived the longest (2nd ed.). Washington, DC: National Geographic.

Bullock, G. (2017, January 31). Photosensitive epilepsy: How light can trigger seizures. Accessed at www.the raspecs.com/blog/photosensitive-epilepsy-how-different-types-of-light-can-trigger-seizures/#:~:text=Photosensitive%20epilepsy%20is%20a%20condition,stimuli%2C%20predominantly%20related%20to%20light.&text=Photosensitivity%20is%20more%20common%20with,patients%20with%20this%20particular%20condition on July 20, 2021.

Bullock, G. (2018, April 18). Fluorescent light sensitivity: Causes, symptoms & solutions. Accessed at www.theraspecs.com/blog/fluorescent-light-sensitivity-causes-symptoms-solutions/ on July 20, 2021.

Burke, D. (2020). He was a COVID-19 patient. She cleaned his hospital room. Their unexpected bond saved his life. Accessed at www.cnn.com/2020/06/11/health/orlando-hospital-coronavirus-patient-housekeeper-wellness/index.html on October 21, 2021.

Calm. (n.d.). In Merriam-Webster's online dictionary. Accessed at www.merriam-webster.com/dictionary/calm on October 30, 2021.

Cancer Treatment Centers of America. (2019, December 26). The power of laughter for cancer patients. Accessed at www.cancercenter.com/community/blog/2019/12/power-of-laughter-for-cancer-patients on July 20, 2021.

Cancer Treatment Centers of America. (2020, December 18). 7 ways to help feel good when you don't feel well. Accessed at www.cancercenter.com/community/blog/2020/12/feeling-good on July 20, 2021.

Carskadon, M. A. (2011). Sleep in adolescents: The perfect storm. Pediatric Clinics of North America, 58(3), 637-647. Accessed at www.ncbi.nlm.nih.gov/pmc/articles/PMC3130594 on July 20, 2021.

Cassata, C. (2016, April 8). Can you really die of a broken heart? Accessed at www.healthline.com/health-news/can-you-die-of-broken-heart on July 20, 2021.

Centers for Disease Control and Prevention. (2019, April 15). Healthy pets, healthy people. Accessed at www.cdc.gov/healthypets/index.html on July 20, 2021.

Centers for Disease Control and Prevention. (2020). Sleep in middle and high school students. Accessed at www.cdc.gov/healthyschools/features/students-sleep.htm on September 23, 2021.

Centre for Optimism. (2019, August 27). Health and optimism. Accessed at www.centreforoptimism.com/health on February 6, 2021.

Charmaine. (2018). 10 health benefits of yoga. Accessed at www.facty.com/lifestyle/fitness/10-health-benefits-of-yoga/3/?da=true&daInit=8 on July 20, 2021.

Cherry, K. (2020, April 29). What is the negativity bias? Accessed at www.verywellmind.com/negative-bias-4589618 on September 29, 2021.

Chowdhry, A. (2013, October 5). Lessons learned from 4 Steve Jobs quotes. Accessed at www.forbes.com/sites/amitchowdhry/2013/10/05/lessons-learned-from-4-

steve-jobs-quotes/?sh=2905757a4f69 on July 20, 2021.

Cleveland Clinic. (2020, February 28). Daylight saving time: 4 tips to help your body adjust. Accessed at www.health.clevelandclinic.org/daylight-savings-time-change-4-tips-to-help-your-body-adjust on October 5, 2021.

Colbert, D. (2009). Eat this and live! Simple food choices that can help you feel better, look younger, and live longer! Lake Mary, FL: Siloam Press.

Collaborative for Academic, Social, and Emotional Learning. (2021). SEL is . . . Accessed at www.casel.org/what-is-sel on July 20, 2021.

Connor, A. (2018). The lion sleeps tonight—Written by a Zulu migrant worker, made famous by Disney. Accessed at https://ig.ft.com/life-of-a-song/the-lion-sleeps-tonight.html on October 21, 2021.

Consult QD. (2017, January 17). A room with a view: Do hospital window views affect clinical outcomes?Accessed at www.consultqd.clevelandclinic.org/room-view-hospital-window-views-affect-clinical-outcomes/#:~:text=%E2%80%9CWhen%20patients%20are%20medically%20ill,emotional%20 health%20and%20clinical%20 outcomes on July 20, 2021.

Cooper, N., & Garner, B. K. (2012). Developing a learning classroom: Moving beyond management through relationships, relevance, and rigor. Thousand Oaks, CA: Corwin Press.

Costa, A. L. (2008). The school as a home for the mind: Creating mindful curriculum, instruction, and dialogue (2nd ed.). Melbourne, Victoria, Australia: Hawker Brownlow Education.

Covey, S. R. (2020). The 7 habits of highly effective people: Powerful lessons in personal change (30th anniversary ed.). Salt Lake City, UT: Covey Leadership Center.

David., L., Shapiro, G., Scheinman, A., Seinfeld, J., Berg, A., & Schaffer, J. (1989-1998). Seinfeld [Television broadcast].

Denver, J. (1974). Annie's song [Song]. On Back home again. RCA.

Dodd, J., & Young, S. (2020, July 20). Her kind words helped save his life. People. July 20, 2020. Accessed at https://people.com/human-interest/man-beat-coronavirus-bond-hospital-staffer on October 21, 2021.

Edmondson, A. C. (2003). Framing for learning: Lessons in successful technology implementation. California Management Review, 45(2). Accessed at https://doi. org/10.2307/41166164 on July 21, 2021.

Edward, B., & Rodgers, N. (1979). We are family [Recorded by Sister Sledge]. On We are family. Cotillion.

Ellis, L. (2014). Live your dash: Make every moment matter. New York: Sterling Ethos.

Eren, B. (2015). The use of music interventions to improve social skills in adolescents with autism spectrum disorders in integrated group music therapy sessions. Procedia-Social and Behavioral Sciences, 197, 207-213.

ESA. (2020). 2020 Essential facts about the video game industry. Accessed at www.theesa.com/wp-content/uploads/2020/07/2020-ESA_Essential_facts_070820_Final_lowres.pdf on December 6, 2021.

Ferguson, S. (2019, February 1). Catastrophizing: What you need to know to stop worrying. Accessed at www.healthline.com/health/anxiety/catastrophizing#:~:-text=Catastrophizing%3A%20What%20 You%20Need%20to%20Know%20to%20 Stop%20Worrying&text=Catastrophizing%20is%20 when%20someone%20as-sumes,they'll%20fail%20an%20exam on July 20, 2021.

Flaherty, D. (n.d.). 1979 Pittsburgh Pirates: Don't ever take sides against the family . . . ever. Accessed at https://thesportsnotebook.com/1979-pittsburgh-pi-rates-sports-history-articles on October 21, 2021.

Fogelberg, D. (1981). Leader of the band [Song]. On The innocent age. Full Moon/Epic.

Fogelberg.com. (n.d.). FAQs. Accessed at www.danfogelberg.com/faqs on October 21, 2021.

Frothingham, S. (2019). How long does it take for a new behavior to become automatic? Accessed at www.healthline.com/health/how-long-does-it-take-to-form-a-habit on September 25, 2021.

Game. (n.d.). In Merriam-Webster's online dictionary. Accessed at www.merri-am-webster.com/dictionary/game on October 31, 2021.

Garone, S. (2020). The health benefits of natural light (and 7 ways to get more of it). Accessed at www.healthline.com/health/natural-light-benefits on July 20, 2021.

Garrison, M. A., & Severino, S. K. (2016). Wellness in mind: Your brain's surprising secrets to gaining health from the inside out. Morrisville, NC: Lulu Press. George, E. M., & Coch, D. (2011). Music training and working memory: An ERP study. Neuro-psychologist, 49(5), 1083-1094.

Glasser, W. (1999). Choice theory: A new psychology of personal freedom. New York: HarperCollins. Godman, H. (2021, March 29). Simple, low-cost, low-tech brain training. Accessed at www.health.harvard.edu/blog/low-cost-low-tech-brain-training-2021032922247 on October 8, 2021.

Gooding, L. F. (2010). Using music therapy protocols in the treatment of premature infants: An introduction to current practices. Arts in Psychotherapy, 37(3), 211-214.

Goodreads. (n.d.). Robert Fulgham. Accessed at www.goodreads.com/author/show/19630 on September 22, 2021.

Grandner, M., Seixas, A., Shetty, S., & Shenoy, S. (2016). Sleep duration and diabe-tes risk: Population trends and potential mechanisms. Current Diabetes Reports, 16(11), 106. Accessed at www.ncbi.nlm.nih.gov/pmc/articles/PMC5070477 on Oc-tober 31, 2021.

Greater Good Science Center. (n.d.). Mindfulness: What is mindfulness? Accessed at www.greatergood.berkeley.edu/topic/mindfulness/definition on September 25, 2021.

Gregory, G. H., & Chapman, C. (2013). Differentiated instructional strategies: One size doesn't fit all (3rd ed.). Thousand Oaks, CA: Corwin Press.

Griffin, M., Friedman, H., Richards, M., Rhinehart, J., Jones, N., Friedman, H., Griffith, K., & Schwartz, S. (1975-present). Wheel of fortune (Television broadcast].

Gump, B. B., & Matthews, K. A. (2000). Are vacations good for your health? The 9-year mortality experience after the multiple risk factor intervention trial. Psy-chosomatic Medicine, 62(5), 608-612. Accessed at www.pubmed.ncbi.nlm.nih.gov/11020089 on July 20, 2021.

Gunnars, K. (2020, November 5). How much water should you drink per day? Ac-cessed at www.health line.com/nutrition/how-much-water-should-you-drink-per-day on July 20, 2021.

Hannaford, C. (2005). Smart moves: Why learning is not all in your head. Arlington,

VA: Great River Books.

Hansen, L. (2002). Amazing grace: A new book traces the history of a beloved hymn. Accessed at www.npr.org/2002/12/29/894060/amazing-grace on October 21, 2021.

Harvard Health Publishing. (2020a, July 7). Blue light has a dark side. Accessed at www.health.harvard.edu/staying-healthy/blue-light-has-a-dark-side on September 27, 2021.

Harvard Health Publishing. (2020b, June 17). In the journals: Sitting can shorten your life. Accessed at www.health.harvard.edu/newsletter_article/sitting-can-shorten-your-life on July 20, 2021.

Harvard Health Publishing. (2020c, January 29). Takotsubo cardiomyopathy (broken heart syndrome). Accessed at www.health.harvard.edu/heart-health/takotsu-bo-cardiomyopathy-broken-heart-syndrome on October 1, 2021.

Harvard Health Publishing. (2021, March 29). Simple, low-cost, low-tech brain training. Accessed at www.health.harvard.edu/blog/low-cost-low-tech-brain-train-ing-2021032922247 on October 10, 2021.

Harvard Men's Health Watch. (2019, October). The thinking on brain games. Accessed at www.health.harvard.edu/mind-and-mood/the-thinking-on-brain-games on July 20, 2021.

Harvard Men's Health Watch. (2020, October 13). Walking: Your steps to health. Accessed at www.healthharvard.edu on November 18, 2020.

Harvard Women's Health Watch. (2019, August 6). The health benefits of strong relationships. Accessed at www.health.harvard.edu/newsletter_article/the-health-ben-efits-of-strong-relationships on July 20, 2021.

Harvey, S., Felsher, H., Dawson, C, & Dawson, G. (1976-present). Family feud [Television broadcast]. Hayward, J. (2020). Covering ground with these benefits of walk-ing. Accessed at www.activebeat.com/fitness/covering-ground-with-these-7-ben-efits-of-walking on July 20, 2021.

Hazzard, R. (1983). Girls just want to have fun [Recorded by Cyndi Lauper]. On She's so unusual. Portrait.

HealthyPlace.com Staff Writer. (2016, March 31). Why pessimism shuts down our immune system. Accessed at www.healthyplace.com/self-help/self-help-stuff-that-works/why-pessimism-shuts-down-our-immune-system#:~:text=PESSIMISM%20 PRODUCES%20DEPRESSION.,activity%20of%20 the%20immune%20system on July 20, 2021.

Hill, P. L., & Turiano, N. A. (2014, May 8). Purpose in life as a predictor of mortality across adulthood. Psychological Science, 25(7), 1482-1486. Accessed at www.ncbi. nlm.nih.gov/pmc/articles/PMC4224 996 on July 20, 2021.

IMDb. (n.d.a). Cyndi Lauper: Girls just want to have fun. Accessed at www.imdb.com/ title/tt4649250/awards/?ref_=tt_awd on October 21, 2021.

IMDb. (n.d.b). OutKast: Awards. Accessed at www.imdb.com/name/nm1642036/ awards on October 21, 2021.

Ingersoll, R., Merrill, L., & Stuckey, D. (2018). The changing face of teaching. Accessed at www.ascd.org/el/articles/the-changing-face-of-teaching on July 20, 2021.

Integris Health. (2019, April 3). Laughter yoga: Why laughter really is the best medicine. Accessed at https://integrisok.com/resources/on-your-health/2019/april/ laughter-is-the-best-medicine on July 20, 2021.

Javanbakht, A., & Saab, L. (2017, October 27). What happens in the brain when we feel fear. Smithsonian Magazine. Accessed at www.smithsonianmag.com/science-nature/what-happens-brain-feel-fear-180966992 on September 24, 2021.

Jensen, E. (2005). Top tunes for teaching: 977 song titles and practical tools for choosing the right music every time. Thousand Oaks, CA: Corwin Press.

Jensen, E. (2007). Brain-compatible strategies (2nd ed.). Melbourne, Victoria, Australia: Hawker Brownlow Education.

Jensen, E. (2008). Brain-based learning: The new paradigm of teaching. Thousand Oaks, CA: Corwin Press.

Jensen, E. (2019). Poor students, rich teaching: Seven high-impact mindsets for students from poverty. Bloomington, IN: Solution Tree Press.

Johnston, T. (1972). Listen to the music [Recorded by the Doobie Brothers]. On Toulouse Street. Warner Bros.

Kaplan, R., & Kaplan S. (1989). The experience of nature: A psychological perspective, London: Cambridge University Press.

Kaplan, R., & Kaplan, S. (1995). The restorative benefits of nature: Toward an integrative framework. Journal of Environmental Psychology 15, 169-182.

Karoshi. (n.d.). In Wikipedia. Accessed at https://en.wikipedia.org/wiki/Karoshi on July 21, 2021. Khullar D. (2018). Finding purpose for a good life. But also a healthy one. The New York Times. Accessed at www.nytimes.com/2018/01/01/upshot/finding-purpose-for-a-good-life-but-also-a-healthy-one.html on October 21, 2021.

Kobau, R, Sniezek, J, Zack, M. M., Lucas, R. E., & Burns, A. (2010). Well being assessment: An evaluation of well being scales for public health and population estimates of well being among US adults. Applied Psychology, 2, 272-297.

Laugh. (n.d.). In Merriam-Webster's online dictionary. Accessed at www.merriam-webster.com/dictionary/laugh#:~:text=1a%20%3A%20to%20show%20emotion,The%20audience%20was%20 laughing%20hysterically on October 31, 2021.

Leonard, B., & Kreitzer, M. J. (2016). Why is life purpose important? Accessed at www.takingcharge.csh.umn.edu/why-life-purpose-important on July 20, 2021.

Leonette, J. (2018, October 15). The best and worst light bulbs for your health. Accessed at www.alpha emerged.com/journal/2018/10/12/light-bulb-and-health on October 10, 2021.

Leipzig, A. (2013, February 1). How to know your life purpose in 5 minutes [Video file]. Accessed at www.youtube.com/watch?v=vVsXO9brK7M on October 7, 2021.

Lightstone, N. (2021, February 11). 10 signs you are enjoying your work. Accessed at www.lifehack.org/articles/work/10-signs-you-are-enjoying-your-work.html on July 20, 2021.

Linda, S., Peretti, H., Creatore, L., Weiss, G. D., & Stanton, A. (1961). The lion sleeps tonight [Recorded by The Tokens]. On The lion sleeps tonight. RCA Victor.

Lipka, M., & Gecewicz, C. (2017, September 6). More Americans now say they're spiritual but not religious. Accessed at www.pewresearch.org/fact-tank/2017/09/06/more-americans-now-say-theyre-spiritual-but-not-religious on July 20, 2021.

Live Your Legend. (2021, May 7). Surprising science: Medical proof that doing work you love could save your life. Accessed at https://liveyourlegend.net/wake-up-call-doing-work-you-love-could-save-your-life on July 20, 2021.

Locke, R. (n.d.). You will remember information longer if you hand write notes. Accessed at www.lifehack.org/articles/productivity/you-will-remember-information-longer-you-hand-write-notes.html on September 30, 2021.

Malamut, M. (2018, October 30). Why holding hands might help to reduce pain. New York Post. Accessed at https://nypost.com/2019/10/30/why-holding-hands-might-help-to-reduce-pain on July 20, 2021.

Manohar, S. (2020, July). Laughter clubs continue to be popular in India despite there being nothing to laugh about. Accessed at www.vice.com/en/article/xg84z3/laughter-clubs-comedy-india-pandemic on July 20, 2021.

Marchal, J. (n.d.). Learning new words everyday can make you much smarter, study finds. Accessed at www.lifehack.org/516631/learning-new-words-every-day-can-make-you-much-smarter-study-finds on September 30, 2021.

Markowitz, K., & Jensen, E. (2007). The great memory book. Melbourne, Victoria, Australia: Hawker Brownlow Education.

MasterClass Staff. (2020, November 8). A guide to the 5 levels of Maslow's hierarchy of needs. Accessed at www.masterclass.com/articles/a-guide-to-the-5-levels-of-maslows-hierarchy-of-needs on July 20, 2021.

Mastropolo, F. (2012). Doobie Brothers' Tom Johnston reflects on "Listen to the Music" at 40. Accessed at https://ultimateclassicrock.com/doobie-brothers-tom-johnston-reflects-listen-to-the-music-at-40 on October 21, 2021.

Mayo Clinic. (2020a). Getting a good night's sleep (S. S. Faubion, Ed.). New York: Meredith Corporation. Mayo Clinic. (2020b). Finding balance and happiness (S. S. Faubion, Ed.). New York: Meredith Corporation.

Mayo Clinic Staff. (2019, April 5). Stress relief from laughter? It's no joke. Accessed at www.mayoclinic.org/healthy-lifestyle/stress-management/in-depth/stress-relief/art-20044456 on July 20, 2021.

Mayo Clinic Staff. (2020, October 14). Water: How much should you drink every day? Accessed at www .mayoclinic.org/healthy-lifestyle/nutrition-and-healthy-eating/in-depth/water/art-20044256 on July 20, 2021.

McFerrin, B. (1988). Don't worry, be happy [Song]. On Simple pleasures. EMI-Manhattan.

McGauran, D. (2015, October 14). The 6 health benefits of laughter. Accessed at www.activebeat.com/your-health/the-6-health-benefits-of-laughter on September 26, 2021.

Medina, J. (2008). Brain rules: 12 principles for surviving and thriving at work, home, and school. Seattle, WA: Pear Press.

Medina, J. (2014). Brain rules: 12 principles for surviving and thriving at work, home, and school (2nd Ed.). Seattle, WA: Pear Press.

Menken, A., & Ashman, H. (1991). Be our guest [Recorded by Angela Lansbury and Jerry Orbach]. On Beauty and the Beast original movie soundtrack. Walt Disney.

Michel, A. (2016, January 29). Burnout and the brain. Accessed at www.psychologicalscience.org/observer/burnout-and-the-brain on July 20, 2021.

Miranda, L.-M. (2015-present). Hamilton: An American musical.

Morin, A. (2020, July 13). 7 tips for finding your purpose in life. Accessed at www.verywellmind.com/tips-for-finding-your-purpose-in-life-4164689 on July 20, 2021.

Movement. (n.d.). In Merriam-Webster's online dictionary. Accessed at www.merriam-webster.com/dictionary/movement on October 31, 2021.

Music. (n.d.). In Dictionary.com online dictionary. Accessed at www.merriam-webster.com/dictionary/music on October 21, 2021.

National Institutes of Health. (2013, October 28). How sleep clears the brain. Accessed at www.nih.gov/news-events/nih-research-matters/how-sleep-clears-brain on July 20, 2021.

Norton, A., Zipse, L., Marchina, S., & Schlaug, G. (2009). Melodic intonation therapy: Shared insights on how it is done and why it might help. Annals of the New York Academy of Sciences, 1169, 431-436.

Nutrition. (n.d.). In Merriam-Webster's online dictionary. Accessed at www.merriam-webster.com/dictionary/nutrition on October 31, 2021.

Pacheco, D., & Wright, H. (2021, June 24). The best temperature for sleep. Accessed at www.sleep foundation.org/bedroom-environment/best-temperature-for-sleep on October 2, 2021.

Pal, P., Hauck, C., Goldstein, E., Bobinet, K., & Bradley, C. (2018). 5 simple mindfulness practices for daily life. Accessed at www.mindful.org/take-a-mindful-moment-5-simple-practices-for-daily-life on July 20, 2021.

Parker-Pope, T. (2020, December 30). How to get a better night's sleep. The New York Times. Accessed at www.nytimes.com/guides/well/how-to-sleep on July 20, 2021.

Passion. (n.d.). In Merriam-Webster's online dictionary. Accessed at www.merriam-webster.com/dictionary/passion#:~:text=1%20%3A%20a%20strong%20feeling%20or,has%20a%20passion%20for%20 music on October 31, 2021.

Patton, A., Mahone, C., & Brown, P. (2003). I like the way you move [Recorded by OutKast.] On Speakerboxxx/The love below. LaFace; Arista.

Paturel, A. (2014, June/July). Game theory: The effects of video games on the brain. Accessed at www.brain andlife.org/articles/how-do-video-games-affect-the-developing-brains-of-children on September 25, 2021.

Peale, N. V. (1993, December 6). Quotes from the tough-minded optimist. Accessed at www.centrefor optimism.com/Quotes-from-The-Tough-Minded-Optimist-Peale-by-Dr-Norman-Vincent#:~:text=%22When%20you%20have%20what%20it,%2Dminded%20optimists%20are%20made.%22 on July 20, 2021.

Pennisi, E. (2019). Gut bacteria linked to mental well-being and depression. Science, 363(6427), 569. Accessed at www.science.org/doi/abs/10.1126/science.363.6427.569 on October 21, 2021.

Pentland, A. (2010, July 5). Better living through imitation? Accessed at www.psychologytoday.com/us/blog/reality-mining/201007/better-living-through-imitation on July 20, 2021.

Premier Health. (2018, May 2). 5 ways mother nature can lift your mood. Accessed at www.premier health.com/your-health/articles/women-wisdom-wellness-/5-Ways-Mother-Nature-Can-Lift-Your-Mood on July 20, 2021.

Pullen, C. (2017, June 6). 7 ways sleep can help you lose weight. Accessed at www.healthline.com/nutrition/sleep-and-weight-loss on July 20, 2021.

Rampton, J. (2017, August 21). The benefits of playing music help your brain more than any other activity. Accessed at www.inc.com/john-rampton/the-benefits-of-playing-music-help-your-brain-more.html on July 20, 2021.

Recording Academy. (n.d.). Artist Bobby McFerrin Grammy Awards. Accessed at www. grammy.com/grammys/artists/bobby-mcferrin/12014 on October 21, 2021.

Relationship. (n.d.). In Merriam-Webster's online dictionary. Accessed at www.merri-am-webster.com/dictionary/relationship on October 30, 2021.

Rettner, R. (2017, October 21). Regular walking may help older adults live longer. The Washington Post. Accessed at www.washingtonpost.com/national/health-science/regular-walking-may-help-older-adults-live-longer/2017/10/20/89363c4a-b4df-11e7-be94-fabb0f1e9ffb_story.html on September 29, 2021.

Reynolds, G. (2016, March 17). Greenery (or even photos of trees) can make us happier [Blog post]. Accessed at https://well.blogs.nytimes.com/2016/03/17/the-picture-of-health on July 20, 2021.

Ritvo, E. (2014, April 24). The neuroscience of giving: Proof that helping others helps you. Accessed at www.psychologytoday.com/us/blog/vitality/201404/the-neuroscience-giving on July 20, 2021.

Robinson, L., Smith, M., Segal, J., & Shubin, J. (2021). The benefits of play for adults. Accessed at www.helpguide.org/articles/mental-health/benefits-of-play-for-adults.htm# on July 20, 2021.

Rodriguez, T. (2016, September 1). Laugh lots, live longer. Scientific American. Accessed at www.scientificamerican.com/article/laugh-lots-live-longer on October 4, 2021.

Rogers, G. B., Keating, D. J., Young, R. L., Wong, M.-L., Licinio, J., & Wesselingh, S. (2016). From gut dysbiosis to altered brain function and mental illness: mechanisms and pathways. Mol Psychiatry 21, 738-748. Accessed at https://doi.org/10.1038/mp.2016.50 on October 21, 2021.

Rosengren, C. (2011). How loving your job helps you succeed. Accessed at https://money.usnews.com/money/blogs/outside-voices-careers/2011/03/03/how-loving-your-job-helps-you-succeed on July 20, 2021.

Rubin, R., Griffin, M., Friedman, H., Richards, M., & Davies, M. (1964-present). Jeopardy [Television broadcast].

Schlemmer, L. (2018, December 21). Duke researchers: Life expectancy down for Gen-Xers and Millennials. Accessed at www.wunc.org/health/2018-12-21/dukeresearchers-life-expectancy-down-for-gen-xers-and-millennials on October 1, 2021.

Schlaug, G. (2015). Musicians and music making as a model for the study of brain plasticity. Progress in Brain Research, 217, 37-55.

ScienceDaily. (2018, November 5). Sitting is NOT the new smoking, contrary to popular myth. Accessed at www.sciencedaily.com/releases/2018/11/181105105419.htm on July 20, 2021.

Scott, E. (2020a, June 26). Aromatherapy scents for stress relief. Accessed at www.verywellmind.com/aromatherapy-scents-for-stress-relief-3144599 on October 3, 2021.

Scott, E. (2020b, November 27). What is spirituality? Accessed at www.verywellmind.com/how-spirituality-can-benefit-mental-and-physical-health-3144807 on July 20, 2021.

Silver, D., Berckemeyer, J. C., & Baenen, J. (2015). Deliberate optimism: Reclaiming the joy in education. Thousand Oaks, CA: Corwin Press.

Sleep. (n.d.). In Merriam-Webster's online dictionary. Accessed at www.merriam-webster.com/dictionary/sleep on October 30, 2021.

Smith, D. (2020, February 18). Nonverbal communication: How body language & nonverbal cues are key. Accessed at www.lifesize.com/en/blog/speaking-without-words on July 20, 2021.

Smith, S. (1998). Catering to the stars. Accessed at www.latimes.com/archives/la-xpm-1998-may-11-ca-48492-story.html on October 21, 2021.

Smith, J. A. (2018, January 10). How to find your purpose in life. Accessed at https://greatergood.berkeley.edu/article/item/how_to_find_your_purpose_in_life on July 20, 2021.

Sousa, D. A. (2011). How the brain learns (4th ed.). Thousand Oaks, CA: Corwin Press.

Sousa, D. A. (2012). Brainwork: The neuroscience behind how we lead others. Bloomington, IN: Triple Nickel Press.

Sousa, D. A. (2017). How the brain learns (5th ed.). Thousand Oaks, CA: Corwin Press.

Sowndhararajan, K., & Kim, S. (2016). Influence of fragrances on human psycho-physiological activity:With special reference to human electroencephalographic response. Scientia Pharmaceutica, 84(4), 724-752. Accessed at www.ncbi.nlm.nih. gov/pmc/articles/PMC5198031 on July 20, 2021.

Sprenger, M. (2008). The developing brain: Birth to age eight. Thousand Oaks, CA: Corwin Press.

Star, K. (2020, May 25). How to overcome all-or-nothing thinking. Accessed at www. verywellmind.com/all-or-nothing-thinking-2584173 on July 20, 2021.

Stibich, M. (2021, April 2). Top reasons to smile every day. Accessed at www.verywell-mind.com/top-reasons-to-smile-every-day-2223755 on September 22, 2021.

Stobbe, M. (2020). For 1st time in 4 years, US life expectancy rises—a little. Accessed at https://apnews.com/article/health-us-news-ap-top-news-united-states-new-york-72a0edc70c1797d95706743624 45574f#:~:text=NEW%20YORK%20(AP)%20 %E2%80%94%20Life,for%20cancer%20and%20drug%20overdoses on January 26, 2020.

Summer, D., & Omartian, M. (1983). She works hard for the money [Recorded by D. Summer]. On She works hard for the money. Mercury.

Tate, M. L. (2011). Preparing children for success in school and life: 20 ways to increase your child's brain power. Thousand Oaks, CA: Corwin Press.

Tate, M. L. (2014). Shouting won't grow dendrites: 20 techniques to detour around the danger zones (2nd ed.). Thousand Oaks, CA: Corwin Press.

Tate, M. L. (2016). Worksheets don't grow dendrites: 20 instructional strategies that engage the brain (3rd ed.). Thousand Oaks, CA: Corwin Press.

Ted. (n.d.). 11 amazing emotional and psychological effects of prayer. Accessed at www.sunnyray.org/11-amazing-effects-of-prayer.htm on October 10, 2021.

Terrell, K. (2019, December 16). Video games score big with older adults. Accessed at www.aarp.org/home-family/personal-technology/info-2019/report-video-games. html#:~:text=For%20adults%20 age%2060%2D69,37%20percent%20to%2039%20 percent on July 20, 2021.

Torres, F. (2020, October). Seasonal affective disorder (SAD). Accessed at www.psy-chiatry.org/patients-families/depression/seasonal-affective-disorder on July 20, 2021.

Trappe, H. J. (2010). The effects of music on the cardiovascular system and cardiovascular health.Heart, 96(23), 1868-1871.

Trousdale, G., & Wise, K. (1991). Beauty and the Beast. Buena Vista Pictures.

University Hospitals. (2015, July 2). The top 5 most stressful life events and how to handle them [Blog post]. Accessed at www.uhhospitals.org/Healthy-at-UH/articles/2015/07/the-top-5-most-stressful-life-events on July 20, 2021.

Underwood, A. (2005, October 3). The good heart. Newsweek, pp. 48-55.

U.S. Preventive Medicine. (2017, March 31). Does a laugh per day keep the doctor away? Accessed at www.uspm.com/does-a-laugh-per-day-keep-the-doctor-away on September 30, 2021.

Van Overwalle, F., & Mariën, P. (2016). Functional connectivity between the cerebrum and cerebellum in social cognition: A multi-study analysis. NeuroImage, 124, 248-255.

Van Toller, S. (1988). Odors and the brain. In S. Van Toller & G. Dodd (Eds.), Perfumery: The psychology and biology of fragrance (pp. 121-146). London: Chapman and Hall.

Vaughn, K. (2000). Music and mathematics: Modest support for the oft-claimed relationship. Journal of Aesthetic Education, 34(3-4), 149-166.

Ventrella, S. W. (2001). The power of positive thinking in business: Ten traits for maximum results. New York: Fireside.

Visible Learning. (n.d.). Collective teacher efficacy (CTE) according to John Hattie. Accessed at https://visible-learning.org/2018/03/collective-teacher-efficacy-hattie on July 20, 2021.

Wallace, L. (2012, May 9). Can a sense of purpose slow Alzheimer's? The Atlantic. Accessed at www.the atlantic.com/health/archive/2012/05/can-a-sense-of-purpose-slow-alzheimers/256856 on July 20, 2021.

Wallace, M. (1957). Mike Wallace interview: Frank Lloyd Wright. Accessed at https://hrc.contentdm.oclc.org/digital/collection/p15878coll90/id/23/rec/1 on October 21, 2021.

Warren, R. (2002). The purpose-driven life: What on earth am I here for?. Grand Rapids, MI: Zondervan. Warren, R., Amen, D., & Hyman, M. (2020). The Daniel plan: 40 days to a healthier life. Grand Rapids, MI: Zondervan Books.

WebMD. (2020, July 18). Sleep more, weigh less. Accessed at www.webmd.com/diet/sleep-and-weight-loss#1 on July 20, 2021.

Wells, K. (2019, September 27). How much social media is a healthy amount? Accessed at www.kykernel.com/opinion/how-much-social-media-is-a-healthy-amount/article_d64f20d8-d48f-11e9-9d17-cbe f58285792.html on September 30, 2021.

Whitaker, L. E. (2018, May 16). Stress: What happens to a teacher's brain when it reaches burnout? Accessed at https://meteoreducation.com/stress-part-4/#:~:-text=When%20teachers%20report%20 feeling%20emotionally,beginning%20to%20 burn%20itself%20out on July 20, 2021.

Wiley-Blackwell, (2009, February 11). Adolescents involved with music do better in school. Accessed at www.sciencedaily.com/releases/2009/02/090210110043.htm on July 20, 2021.

Williams, P. (2013). Happy [Song]. On Despicable Me 2: Original motion picture soundtrack. Back Lot Music; I Am Other; Columbia.

Williams, R. (2019, July 19). 5 physical health benefits of spirituality. Accessed at https://chopra.com/articles/5-physical-health-benefits-of-spirituality on July 20, 2021.

Willis, J. (2007). Brain-friendly strategies for the inclusion classroom. Alexandria, VA: Association for Supervision and Curriculum Development.

Wong, H. K., & Wong, R. T. (1998). The first days of school: How to be an effective teacher. Mountain View, CA: Author.

Worthington, E. (2021). REACH forgiveness of others. Accessed at www.evworthington-forgiveness.com/reach-forgiveness-of-others on July 20, 2021.

Yoga. (2018). In Encyclopedia.com online encyclopedia. Accessed at www.encyclopedia.com/philosophy-and-religion/eastern-religions/hinduism/yoga on October 21, 2021.

Young, K. (n.d.). The science of gratitude—How it changes people, relationships (and brains!) and how to make it work for you. Accessed at www.heysigmund.com/the-science-of-gratitude on September 30, 2021.

저자소개

Marcia L. Tate, EdD는 Decatur, Georgia.에 있는 DeKalb County School 전직 전문성 개발 담당 전무이사이다. 교육구에서 30년 동안 근무하는 동안 그녀는 교실 교사, 독서 전문가, 언어 예술 코디네이터, 직원 개발 전무 이사로 일하였다.

Marcia는 현재 교육 컨설턴트로서 50만 명 이상의 관리자, 교사, 학부모, 기업 및 비즈니스에 대한 교육을 진행했다. 그리고 전 세계의 커뮤니티 리더이다.

그녀는 베스트셀러인 〈Don't Grow Dendrites 시리즈〉와 두뇌에 적합한 교실의 형성 평가에 관한 8권의 책을 저술했다: 학생들이 학습하고 있는지 어떻게 알 수 있을까? 그녀의 최근 두 권의 책은 잊을 수 없는 교수 학습을 위한 100가지 두뇌 친화적 수업 (100 Brain-Friendly Lessons for Unforgettable Teaching and Learning K-8)과 잊을 수 없는 교수 학습을 위한 100가지 두뇌 친화적 수업(100 Brain-Friendly Lessons for Unforgettable Teaching and Learning 9-12)이다. Marcia는 책에 설명된 전략을 사용하여 청중을 적극적으로 참여시키기 때문에 워크숍 참가자들은 이 워크숍을 지금까지 경험한 워크숍 중 최고라고 말할 수 있다.

Marcia는 조지아주 애틀랜타에 있는 Spelman College에서 심리학 및 초등 교육학사 학위를 받았다. 앤아버에 있는 미시간 대학교에서 독해학 석사 학위조지아 주립 대학교에서 교육 리더십 전문 학위를, 클락 애틀랜타 대학교에서 교육 리더십 박사 학위를 취득하였다.

Marcia는 Tyron Tate와 결혼했으며 세 자녀를 둔 자랑스러운 어머니이다: Jennifer, Jessica, and Christopher, 세 자녀와 9명의 손주가 있다: Christian, Aidan, Maxwell, Aaron, Roman, Shiloh, Aya, Noah, and Alyssa.

Marcia와 그녀의 남편은 Developing Minds, Inc.(www.developingmindsinc.com)를 방문하여라. 트위터와 인스타그램(@drmarciatate)에서도 팔로우할 수 있다.

전문성 개발을 위해 Marcia L. Tate와 상담하려면 pd@SolutionTree.com으로 문의하여라.

역자약력

신재한

국제뇌교육종합대학원대학교 뇌교육학과 학과장

경북대학교 교육학 박사(교육공학)

한국교육개발원 연구위원

한국교육과정평가원 교수학습센터 운영위원

인성교육연구원 원장

교육부 연구사

국가공인 브레인트레이너 자격검정센터 센터장

한국청소년상담학회 융합상담분과 슈퍼바이저

논문

• 뇌과학적 고찰을 통한 뇌교육 기반 인성교육 방향 탐색
• 뇌교육 기반 인성놀이 프로그램이 초등학생의 인성지수에 미치는 효과
• 뇌교육 기반 인성계발 통합프로그램이 아동의 자아존중감 및 사회성에 미치는 영향
• 뇌교육 기반 인성교육과정이 청소년의 인성지수에 미치는 영향
• 에너지집중력 스톤을 활용한 자석놀이가 초등학생의 집중력과 두뇌활용능력에 미치는 영향
• 테니스 운동 경력자와 비경력자의 뇌파와 두뇌활용능력의 차이 분석
• 두뇌활용능력의 이론 및 원리 탐색

학술연구

• 인성교육 평가 모형 및 지표 개발 연구
• 2015개정 교육과정 및 교과서 개발 연구
• 학교폭력 예방을 위한 학교장 연수프로그램 개발 연구
• 진로캠프 프로그램 개발 연구
• 집중력 향상 프로그램 개발 연구

저서

• 인성교육의 이론과 실제
• 뇌기반 자기주도학습의 이론과 실제

- 교육 프로그램 개발의 이론과 실제
- 창의인성교육을 위한 수업 설계 전략
- 융합교육의 이론과 실제
- 자유학기제의 이론과 실제
- 구조중심 협동학습 전략
- 수업컨설팅의 이론과 실제

윤보정

한국브레인코칭상담협회 전문강사

브레인코칭상담연구소 선임연구원

브레인융합센터 전문강사

국제뇌교육종합대학원대학교 뇌교육학과 석사수료

임운나

브레인코칭상담협회 회장

브레인코칭상담연구소 소장

인성교육연구원 수석연구원

대구교육대학교, 김천대학교 등 외래교수

우정공무원교육원 등 관공서 및 기업체 외래교수

뇌파코칭상담 및 브레인힐링명상 전문가

상담전문가1급 및 국가공인 브레인트레이너

Healthy Teachers, Happy Classrooms by Marcia L. Tate

Copyright © 2022 by Solution Tree Press

All rights reserved.

Korean translation rights © 2024 PYMATE

Korean translation rights are arranged with Solution Tree Inc. through AMO Agency, Korea

이 책의 한국어판 저작권은 AMO에이전시를 통해 저작권자와 독점 계약한 피와이메이트에 있습니다. 저작권법에 의해 한국 내에서 보호를 받는 저작물이므로 무단 전재와 무단 복제를 금합니다.

뇌기반 행복학급 경영 원리 12, 전략 82

초판발행	2024년 3월 1일
지은이	Marcia L. Tate
옮긴이	신재한 · 윤보정 · 임운나
펴낸이	노 현
편 집	김민조
기획/마케팅	허승훈
표지디자인	BEN STORY
제 작	고철민 · 조영환
펴낸곳	㈜ 피와이메이트
	서울특별시 금천구 가산디지털2로 53, 210호(가산동, 한라시그마밸리)
	등록 2014. 2. 12. 제2018-000080호
전 화	02)733-6771
f a x	02)736-4818
e-mail	pys@pybook.co.kr
homepage	www.pybook.co.kr
ISBN	979-11-6519-486-4 93370

* 파본은 구입하신 곳에서 교환해 드립니다. 본서의 무단복제행위를 금합니다.

정 가   15,000원

박영스토리는 박영사와 함께하는 브랜드입니다.